NOUVELLE

PAR

ANGE PECHMÉJA

Exulibus exul.

PARIS
LIBRAIRIE A. FRANCK
67, rue Richelieu
1860

ROSALIE

NOUVELLE.

PARIS. — TYPOGRAPHIE DE HENRI PLON,
IMPRIMEUR DE L'EMPEREUR,
8, rue Garancière

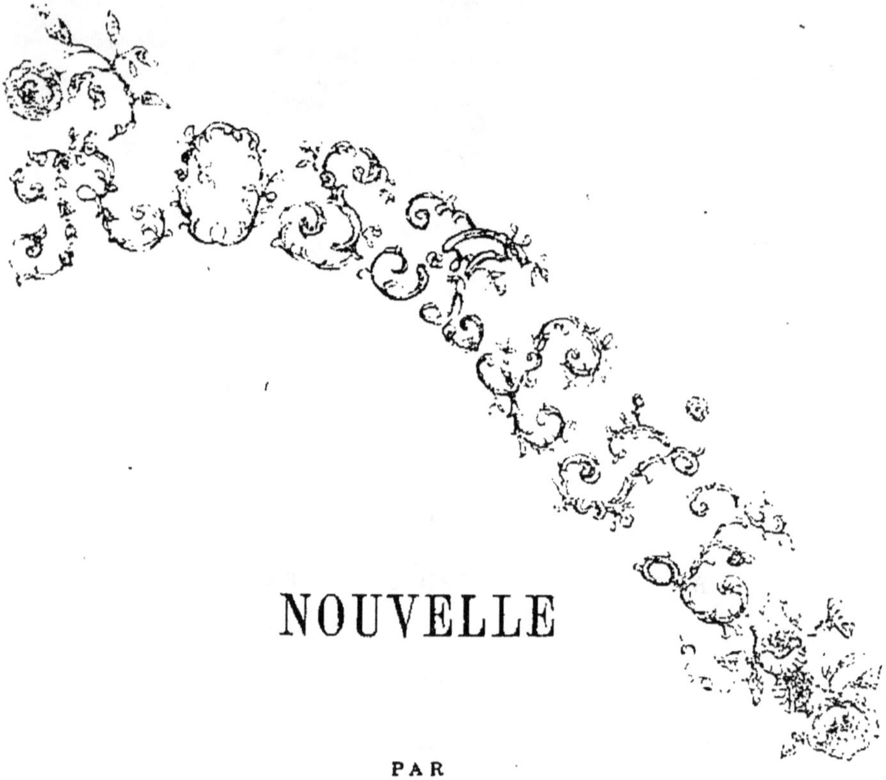

ROSA

NOUVELLE

PAR

ANGE PECHMÉJA

Exulibus exul.

PARIS

LIBRAIRIE A. FRANCK

67, rue Richelieu

1860

ROSALIE.

I

Vers 1850, après un assez long séjour à Paris, un jeune homme sans fortune que nous nommerons, s'il vous plaît, Jean-François, rentrait en vaincu dans son département, apportant à sa famille, non moins désolée que lui, le deuil de son avenir brisé. Sa douleur se compliquait d'une humiliation que l'on concevra aisément dès qu'il aura été dit que, contrairement à l'usage, il avait eu, dès sa première jeunesse, la faveur toute spéciale de l'opinion dans sa petite ville, et qu'à cause de dispositions précoces, pleines de promesses qu'il était, hélas! destiné à ne pas tenir, on avait cru voir en lui un de ces rares sujets dont la petite patrie a raison de tirer vanité; affreux mécompte!

L'accueil cordial de ses amis, l'empressement bienveillant de tous ses compatriotes, qui eurent le bon goût d'éviter avec soin toute indiscrète parole capable de le rappeler au sentiment de sa défaite, pansèrent, mais ne guérirent pas la plaie de son cœur. Il sentait trop bien l'arrière-pensée inédite voilée sous ces démonstrations, pour ne pas se trouver assez mal à l'aise. Ses concitoyens devaient être, — il le sentait bien, — trop accoutumés à regarder le succès comme le tarif exact du mérite pour lui tenir compte d'efforts avortés. Comment aurait-il pu s'attendre à cette justice éclairée de leur part, lorsque ses parents eux-mêmes, se refusant à entrer dans le détail des hostilités de tout genre qui lui avaient livré bataille, persistaient à lui donner tort pour cause d'insuccès!...

Un tel avis n'est pas sans fondement, mais la loi qui le motive n'a rien d'absolu; car ne voit-on pas des individualités remarquables faillir et perdre pied là où des médiocrités reconnues ont avancé d'un pas sûr? Le fait se comprend : l'équilibre s'établit mieux parmi des facultés ordinaires; il manque souvent à des facultés plus riches, qui ne doivent peut-être cette richesse qu'à un prélèvement sur la masse; d'où des lacunes préjudiciables. Aussi un poëte qui pourrait compléter ses protubérances encéphaliques par les bosses d'un crâne d'épicier aurait-il chance d'aller loin.

L'équilibre entre des facultés puissantes n'appartient qu'au génie, c'est-à-dire à l'exception; mais il est certaines organisations délicates dont le développement voudrait un milieu tout spécial. A des gens doués d'une certaine façon, les premiers pas sont toujours coûteux ; de ces gens-là l'on ferait peut-être bien d'emblée des généraux ou des ambassadeurs ; on n'en saurait faire des commis ou des sous-officiers passables. Leur malheur est d'avoir à traverser la filière usitée et d'être obligés à un début ; aussi ne réussissent-ils que par accident.

Jean-François appartenait à la classe de ces organisations nerveuses dont le raffinement particulier se fait une souffrance insupportable de telles trivialités de l'existence qui affectent à peine la fibre solide des caractères de bas étage. Il lui manquait surtout cette assurance des gens vulgaires que n'émeut pas volontiers un affront et qui subissent, le sourire aux lèvres et la platitude au cœur, la morgue dédaigneuse ou la parole insolente du personnage haut placé dont la faveur importe ; l'œil fixé sur l'appât du poste qu'ils briguent, comme chiens qui ont flairé un lopin de chair, ils ne se détournent mie pour une rebuffade et restent le nez au vent attendant l'heure de happer. Quant à notre homme, très-empêché par sa timidité fière, il se reconnut, après maintes épreuves dans lesquelles il échoua, hors d'état de se résoudre pour aucune espèce de considérations aux manœuvres basses dont tant de gens ont le secret.

D'une bienveillance extrême et d'une politesse rare, mais résolûment bornée aux limites qui la séparent de l'obséquiosité, il puisait dans le vif sentiment de sa dignité une fierté qui le discrédita complétement auprès de ses protecteurs et finit par lui aliéner leur bon vouloir, trop cher vendu; car, comme il se sentait la vertu de payer en reconnaissance efficace les services qu'il espérait d'eux, il se refusa positivement à effectuer ce payement en la basse monnaie ordinaire de flatteries et de serviles complaisances; mal lui en prit.

Aussi plus tard en vint-il à cette conviction bien ou mal fondée, mais due à une expérience cruelle, qu'en dehors de la littérature et des arts (et encore!), tous les parvenus à une position brillante n'amènent ce résultat que par le sacrifice constant de leur dignité; de façon que le nombre d'échelons franchis dans l'ascension vers les honneurs donne la mesure parfaite de l'abaissement parallèle du caractère, et qu'ainsi l'on n'arrive au sommet qu'appauvri, racorni d'esprit et de cœur, réduit à rien. Il y a probablement, il y a à coup sûr des exceptions à ce fait général, mais je crois que lui n'en admettait pas alors, ou qu'il en faisait purement honneur à des circonstances fortuites.

En tout cas se refusa-t-il constamment à avaler les couleuvres mises à sa disposition lors des démarches indispensables à toute réussite. Sa finesse, purement défensive, lui rendait le fâcheux service de lui découvrir l'intention blessante blottie aux plis d'une phrase d'extérieur poli et d'apparence convenable et lui interprétait avec une lucidité implacable le sens d'un sourire, d'un silence, d'une intonation de la parole, d'un pli du visage; aussi était-il blessé alors que d'autres eussent été chatouillés, et encore à peine. On voit par là de quelle façon l'élévation et la distinction du caractère sont capables de desservir un homme; et ceci prouve de quelle importance il est de savoir convenablement s'aplatir en temps et lieu.

Jean-François n'avait pas, je le répète, les premières notions de cet art, qu'il s'obstina à négliger. Loin de là : s'il comprenait qu'un inférieur pût à la rigueur faire montre de brusquerie ou de rusticité, il lui paraissait qu'un supérieur est, par devoir de position, obligé à une politesse exquise, et que l'affabilité envers les subordonnés n'est après tout que l'acquit d'une dette; aussi était-il doublement choqué lors d'un accueil impoli; il se trouvait soudain disposé à déranger ce bel aplomb et ces dispositions fiérottes, à fourrager sans discrétion cette majesté florissante; sa bienveillance extrême alors se transformait en férocité; il empruntait, je ne sais où, une rudesse hautaine et sarcastique; sa parole allait droit aux vitres, et si l'on persistait, il coupait court à tout en résumant dans quelques mots choisis une riposte fournie en vigueur, ferme et effective comme un coup de pistolet dans un miroir, après quoi, virant de bord, il laissait son interlocuteur stupéfait sur place.

C'était le moyen d'aller loin; notez que le brave garçon se destinait à la diplomatie!... Bonne idée; il est vrai qu'il comprenait la chose d'une façon toute particulière. Ses illusions durèrent quelque temps. Il avait appris et parlait assez bien quelques idiomes de l'Orient; cela lui servit de peu. Amoureux de l'indépendance et passablement paresseux (la paresse!... ce fut là son grand vice), il répugna à ces carrières qui enferment tout homme dans un cadre d'où il ne saurait dérailler. Par ces raisons et autres il ne montra aucun empressement à grossir le nombre très-suffisant des avocats et médecins; il eut surtout pour la chicane une répugnance qui allait jusqu'à l'horreur. L'étude du droit lui sembla toujours la plus frivole comme la plus insipide façon de dépenser son intelligence et son temps.

Malgré sa paresse, qui ne lui permettait que les études assorties à ses goûts, il dévora çà et là avec avidité toute la pâture intellectuelle qu'il crut pouvoir s'assimiler, et travailla dans tous les sens au fur et à mesure de son désir. — C'est peut-être la bonne façon, mais elle implique la possession d'une fortune indépendante. — Bref, il chercha à se développer dans la mesure de ses forces et selon la nature de ses aptitudes, cherchant le beau, le vrai, le juste partout où il les supposait, et ne s'inquiétant pas, le misérable, de se faire une position; aussi était-il toujours assez surpris quand on l'interrogeait sur sa profession et lui venait-il alors quelques regrets très-fugitifs de ne s'être pas encadré dans un titre quelconque; il n'y songea jamais, à vrai dire. Pourtant, s'il eût répliqué à ces questionneurs qu'il s'était occupé à se faire homme au lieu de se faire seulement avocat ou docteur, la réponse eût à tous semblé fort bizarre; il n'était pas assez persuadé que, au risque de s'y amoindrir, tout homme qui n'a pas des revenus abondants est dans l'obligation d'un état qui lui soit un moyen de considération et d'existence. Il était bien trop tard quand il s'en aperçut. D'ailleurs il eut le tort d'éparpiller ses forces. Outre toutes sortes de préoccupations littéraires, il se mit à étudier la peinture. Là encore ses autres travaux le détournèrent de l'étude sérieuse et assidue indispensable en cet art, dont une vie d'homme suffit à peine à assurer la perfection, mais qui, s'il l'eût pratiqué exclusivement, l'aurait fait illustre, car il y avait en lui, au dire de Decamps, dont il fréquentait l'atelier, la riche étoffe d'un peintre. De plus, un emploi honorable et suffisamment lucratif (mais qui tenait beaucoup de la sinécure), qu'il conserva huit ans durant dans une ambassade à Paris et à la pérennité duquel il eut le tort de croire, l'habitua à des douceurs qui l'amollirent, favorisa des habitudes indolentes et rêveuses qui prirent chez lui la place de l'action. Les deux ou trois dernières années qui précédèrent la suppression de son poste lui furent, il en convenait lui-même, funestes.

La révolution de Février éclata sur ces entrefaites. Je n'ai pas besoin d'avertir, après les données fournies ici sur le caractère de Jean-François, que ce mouvement eut toutes ses sympathies. A la vérité, ses espérances multiples ne tardèrent pas à être déçues. L'égoïsme qui caractérisait le gouvernement renversé n'avait fait que changer de nom; il se manifestait par d'autres individus et n'était pas moins odieux. La politique suivie par le nouveau régime parut à Jean-François mesquine et sans portée ; il regarda le suffrage universel comme une médiocre invention, et répétait à qui voulait l'entendre que.... — Bah! laissons cela.

Ses idées politiques étaient simples ; elles se bornaient à ceci : le gouvernement de l'intelligence, la dictature logique du cerveau sur le reste du corps. Il se ralliait volontiers à cette idée de faire tout pour le peuple, non par le peuple ; car il lui semblait juste qu'avant de lui confier la force on lui octroyât les lumières qui en enseignent l'usage.

La prospérité matérielle de la nation ne le touchait pas assez. Il rappelait avec quelque complaisance ces paroles de Claude Tillier : « Pour qu'une nation soit forte, il faut qu'elle soit maigre! » La crise pécuniaire qui arrachait de si hautes plaintes à tout le monde ne le préoccupa pas un seul instant ; il en prenait son parti avec résignation. « Plaie d'argent n'est pas mortelle. » Un peu de souffrance, mais c'est très-sain !... répétait-il avec une bonhomie philosophique éclairée d'un sourire atroce fort capable de le faire prendre en grippe par tout capitaliste convenablement truffé. Certaines fâcheries écarlates lui inspiraient une douce gaieté qui témoignait de son heureux caractère. Il aimait à voir le beau patriotisme de maintes gens entrer en concurrence avec leurs intérêts et avoir constamment le dessous. Ça l'amusait.

Il participa quelque temps à la rédaction d'un des grands journaux issus de Février, où il débuta par un premier-Paris sur la politique étrangère. Outre ces articles politiques quotidiens, il y publia de temps à autre quelques feuilletons d'art qui furent goûtés. La mort du journal, succombant à des tracasseries de tout genre, nécessita son départ de Paris, en lui enlevant des moyens d'existence que sa famille n'était pas à même de lui remplacer. Il partit le cœur gros, partagé entre les regrets du passé et les soucis très-fondés de l'avenir et du présent.

Enfoncé dans un coin de la diligence, il songeait à ce Paris qu'il aima tant, où il laissait la bonne part de sa jeunesse, après y avoir fumé l'opium des illusions chères, essayant, mais en vain, de rallier ses espérances fuyardes en ce combat dont il revenait battu à plate couture. Il lui faudrait, lui, fait au doux sans-gêne de la vie parisienne, amoureux et coutumier des longues flâneries bouquinières le long des quais; lui qui *souloit* passer de belles journées entières à poursuivre sans hâte, au vent capricieux du hasard, à travers les boulevards et les rues enfilées sans choix, les papillons de la fantaisie; à caresser quelque rêverie aimable qu'il essayait de happer entre deux rimes, il lui faudrait se remettre à la froide et morne vie de province et y cogner tous ses chers désirs à des impasses; il faudrait y subir les commentaires peu bienveillants d'un voisinage désœuvré, s'y voir froisser dans ses opinions, proscrire dans ses idées, contrarié dans ses habitudes; y opérer la pétrification lente de son activité; y faire choix entre l'odieuse vie de café ou la solitude malsaine; y endurer, ô infortune ! les récriminations amères et les reproches souvent fondés de la famille, échappés à une souffrance qui se doublerait de la sienne.

II

Ce qu'il avait pressenti ne manqua pas. Après l'échange des visites obligées, après une courte trêve procurée par les joies trop passagères du retour, la triste réalité démasqua ses ternes horizons. L'aubépine en fleurs et le pâle églantier se transformèrent en broussaille épineuse; le supplice commença. Des remarques aigrelettes, des allusions timides d'abord et biaisantes, bientôt ouvertes et droites, furent les éclairs précurseurs d'orages qui ne tardèrent pas à devenir au moins quotidiens. La politique et la religion fournissaient les pierres de cet achoppement désormais habituel qui infligeait aux parents et au fils la douleur inévitable.

La mère, une sainte et digne vieille femme, était issue d'une famille austère, à mœurs patriarcales, dont plusieurs membres depuis longtemps défunts, ecclésiastiques possesseurs de prieurés, furent cruellement éprouvés par la révolution de 89, qui les contraignit à l'exil.

La religion sous ses formes les plus sévères était

traditionnelle dans cette famille autrefois riche, qui dota l'église métropolitaine (où plusieurs de ses membres ont dans une chapelle leur sépulture sous les dalles chargées d'inscriptions à demi effacées par les pieds des fidèles) de fondations pieuses, tableaux, tabernacles, tribune, etc. On lit encore aujourd'hui, sur un cartouche noir incrusté dans le marbre rouge de la tribune qui occupe le fond de la nef, une inscription latine en lettres d'or attribuant son érection aux soins et aux frais de deux membres des deux familles paternelle et maternelle de Jean-François : X.... et X... consvlibus.

En raison d'une éducation telle que peuvent la faire pressentir les circonstances de famille ici relatées, la mère de Jean-François, qui n'était d'ailleurs jamais sortie d'une petite ville fort retardée en civilisation, joignait malheureusement à un cœur d'or, à une intelligence d'une supériorité rare, mais, hélas! mal dirigée, des idées religieuses étroites entretenues par les habitudes d'une dévotion pleine de pratiques minutieuses. Son âge avancé ne laissait pas espérer la moindre modification à cet égard. En dehors de la religion, tout lui semblait à fort peu près une impiété damnable; les belles découvertes du siècle, les magnificences de l'art et de l'industrie, la laissaient froide; rapportant tout au ciel, elle ne comprenait ni le but ni l'urgence de ces vanités. Est-il besoin d'avertir combien les opinions avancées de M. son fils l'exaspéraient, et à quel point elle souffrait de son indifférence religieuse, qu'elle appelait:

« l'entier abandon de ses devoirs de chrétien »? Elle souffrait cruellement des plaisanteries les plus inoffensives par lesquelles son païen de fils accueillait, de temps à autre, les remontrances persévérantes qu'elle se faisait un devoir de lui infliger à tout propos; la tendresse profonde qu'elle avait pour ce fils unique — tendresse vraiment au-dessus de tout ce qu'on peut imaginer de plus tendre — lui inspirait, en raison de ses convictions implacables, une cruelle épouvante des suites désastreuses réservées à l'obstination de son fils à vivre « en état de péché mortel ». De là des admonitions fréquemment réitérées dont elle martyrisait ce cher enfant, son imagination ardente le lui représentant déjà enveloppé dans les flammes de cet enfer que, selon le dogme catholique, le Dieu vengeur destine à ses réprouvés. Jean-François était fort mal reçu, dans ces discussions qu'il ne pouvait éviter, à arguër de la bonté infinie; on lui répliquait par l'infinie justice; il n'y avait pas moyen de s'entendre. De guerre lasse, le pauvre garçon prenait la fuite; mais c'était à recommencer le lendemain. L'*Imitation de Jésus-Christ* était le livre favori de sa mère, qui manquait rarement d'en lire un chapitre ou deux tous les jours (elle devait le savoir par cœur), et qui sollicitait avec onction son fils d'en lire attentivement quelques pages qu'elle lui triait, espérant (pauvre femme!) un bon résultat de cette lecture, à laquelle cet hypocrite bon enfant se décidait par complaisance.

Peu de plaisirs mondains trouvaient grâce devant

l'âpre fanatisme de cette femme, qui, à cette étroitesse de vues, à cette perclusion du raisonnement, ou plutôt à cette abdication complète de sa raison en faveur d'une foi enracinée comme un chêne, joignait, chose fort rare chez les dévotes, une chaleur d'affection, une générosité, une élévation de sentiments au-dessus de toute comparaison ; et, en dehors de sa croyance, un bon sens parfait, un tact des plus fins, une pénétration qui semblait de la seconde vue, et au besoin une ironie spirituelle et mordante dont sa bienveillance ou sa charité ne réussissait pas toujours à modérer l'expression. Plusieurs de ses lettres — son fils en avait reçu des liasses — sont des chefs-d'œuvre de style et de sentiment vif et délicat. Mais la religion jetait sur tout cela son voile sombre.

Le devoir parlait haut à cette mère digne des premiers siècles de l'Église, capable, pour confesser sa foi, de braver la torture des questionnaires, et qui louait et eût imité la reine Blanche déclarant mieux aimer voir son fils mourir que pécher mortellement. Jean-François ne disait pas, mais vous eût (pressé sur ce point) avoué qu'à côté de sa mère les autres femmes, mères ou non, ne lui semblaient que de viles poupées. Aussi l'une de ses plaies secrètes, mal dissimulée sous des dehors enjoués, était-elle le dissentiment qui le séparait de cette sainte femme, avec qui il eût voulu avoir tout commun ; mais le moyen !...

Observatrice rigide des commandements de Dieu et de « notre mère la sainte Église », tout ce qui lui semblait une infraction, si légère fût-elle, lui plissait le sourcil et appesantissait son regard insoutenable quand il exprimait la réprobation, mais qu'un sourire transformait. Elle avait le front oblique des enthousiastes, en harmonie avec un nez d'une remarquable droiture; le visage maigre comme le corps; sa bouche, loin de rentrer — ce qui est plus ou moins l'indice d'une sécheresse de cœur — offrait chez elle, à la partie inférieure, un renflement qui, entre le reste des traits, semblait l'expression de sa bonté, de sa sensibilité exquises; mais la finesse s'aiguisait sur des lèvres si minces qu'à peine les distinguait-on.

Elle ne traitait rien à la légère et se refusait absolument à voir un côté plaisant aux choses sérieuses. Prenant toute chose au plus vif, elle s'affectait, à l'égal d'un affreux malheur, de faits que, chez leur fils, d'autres parents eussent regardés comme insignifiants — logique toutefois, en ceci. — Pour elle, une maîtresse était « une prostituée ». Ayant un jour, dans une rue de Paris, lors de l'unique voyage entrepris pour y voir son fils, rencontré celui-ci une grisette au bras, ce lui fut — ô faiblesse! — une amère désolation qui lui valut plusieurs nuits sans sommeil, et au malheureux Jean-François un orage éclatant de reproches en lesquels la douleur, l'amertume, le sarcasme, les pleurs, la colère élevés à une puissance de solennité inimaginable, se succédaient avec une abondance, une rapidité au-dessus de toute expression; elle voulait (et peu manqua qu'elle ne donnât suite à ce projet) repartir là-dessus, abandonnant cet affreux débauché à ses remords probables. Ceci lui fut d'ailleurs un thème à invectives contre cet abominable Paris, que, dans une indignation biblique, elle n'omit pas de comparer à Sodome et à Gomorrhe. J'ai dit qu'en matière de religion ou de morale, elle perdait toute mesure. Le langage des puritains mis en scène par Walter Scott était assez bien rappelé par la parole, et que son exaltation naturelle ne lui laissait pas ménager.

Le père de Jean-François ressemblait par maints côtés à sa femme; il en avait la générosité large, et son affection pour leur fils ne le cédait pas à celle de la mère; aussi n'avaient-ils tous les deux reculé devant aucun sacrifice capable d'assurer à celui-ci l'éducation qui fait homme; de plus, bien que leurs vœux secrets tendissent à faire de lui ou un prêtre honorable (ceci était, comme on pense, le cher désir de la mère), ou un médecin distingué, ou mieux encore un notaire respectable et cossu, ils n'en avaient pas moins, sans hésitation, renoncé à leurs projets dès qu'ils les avaient reconnus incompatibles avec les dispositions de leur fils.

Une bonté foncière un peu bourrue, une intelligence très-remarquable, mais insuffisamment cultivée; une tendance à saisir le côté positif des choses, qui lui faisait traiter aisément d'utopie tout ce qui n'était pas carrément assis dans les faits; une facilité extrême à adopter sans retour possible un préjugé quelconque;

une obligeance extrême; une probité sévère avec une franchise et une largeur de procédés qui souvent le rendaient dupe; une humeur irascible, mais prompte à s'apaiser; une constance d'opinion qui devenait de l'entêtement; parfois une jovialité communicative, mais que les préoccupations de ses intérêts fort compromis transformaient fréquemment en sombre humeur, tels sont les traits principaux de ce caractère.

Très-indifférent, dans le principe, en matière religieuse, et même presque un peu voltairien, il se permettait parfois, dans son humeur joyeusement taquine, d'innocentes facéties qui exaspéraient madame; laquelle ne manquait pas de le traiter sérieusement « d'impie »... — et lui de rire. Mais à la longue, et l'âge se prononçant, la persévérance tracassière de son épouse n'avait pas laissé de gagner du terrain. Il s'était rendu, de guerre lasse, et on avait réussi à faire de lui — non pas un dévot — la nature positive de son esprit ne comportait pas cet *extra,* mais un catholique fort présentable, assez soigneux de ses devoirs de religion; « il *pratiquait* ».

Quant à la politique, il ne concevait pas que l'on pût s'y amouracher d'une opinion quelconque, encore moins — bien entendu — y sacrifier son avenir. Sa bonté naturelle ne lui donnait néanmoins aucune tendance libérale; en fait de gouvernement, et tout bonhomme qu'il fût, il ne comprenait que la force..... quand même; la faiblesse de Charles X, fuyard de l'émeute en 1830, le rendait furieux; « il fallait mitrailler toute cette canaille, » disait-il de sa voix stridente comme un clairon ; au demeurant, tout régime, à part la république, qu'il détestait avec cordialité, avec joie, lui était assez indifférent. Un état de choses qui eût réduit à rien les contributions eût conquis ses sympathies les plus vives. A cet égard, il était paysan jusqu'au bout des ongles.

Participant jusqu'à un certain point du double caractère de ses parents, Jean-François, qui avait d'ailleurs vécu dans un milieu si différent du leur, outre les divergences qui résultaient pour lui de la différence d'âge et d'éducation, Jean-François, en dissentiment complet avec tous les deux, choquait à la fois son père par le côté de son humeur qui représentait l'apport maternel, et sa mère, par le côté qui accusait l'affinité contrastante.

Il serait superflu de parler en détail des autres membres plus ou moins éloignés de la famille ; l'intolérance religieuse et politique composait le fond qui leur était commun d'ailleurs avec presque toute la bourgeoisie et la haute classe de cette petite ville où la classe inférieure seule professa des opinions républicaines diversement justifiées ; aussi : « ..... Enfin, tu es du parti de la canaille, » ne manquait-on pas de dire à notre homme, sur le ton le plus courroucé et comme argument définitif et sans réplique. Tous ses parents n'avaient qu'un avis là-dessus. Impossible de les tirer de là ; autant blanchir un nègre. Il avait beau leur citer les illustres personnes dont l'opinion avancée se faisait honneur, ils n'en voulaient tenir compte et persistaient à prendre le parti avancé pour un ramassis de pillards. Telle était du moins la façon de voir de la plupart des personnes — les seules ou à peu près — avec qui, en raison de leur éducation et de leur position sociale, Jean-François pût convenablement frayer. Pour ces gens-là, on était rouge, et tout était dit.

Mais si cette nuance, sous laquelle Jean-François s'exhibait, avait le don de leur faire mal aux yeux, elle produisait un tout autre effet sur la classe inférieure appartenant en presque totalité au parti contraire; celle-ci se montrait flattée d'être représentée dans ses opinions par un homme de la haute classe. Les antécédents du publiciste promettaient d'ailleurs, au besoin, un défenseur à la cause commune.

Néanmoins Jean-François, par égard pour les opinions de sa famille, se garda de manifester ouvertement les siennes; il garda même autant que cela dépendit de lui la plus stricte réserve.

Plusieurs mois s'écoulèrent ainsi durant lesquels il s'occupa exclusivement de travaux artistiques ou littéraires, et vit peu de monde, se bornant à la société de quelques jeunes gens de son âge et de son parti.

Cependant les tracasseries de la famille continuaient de plus belle. Il n'était question si étrangère à la politique ou à la religion où l'on ne trouvât moyen de faire intervenir ces deux sujets par des voies détournées ou brusques.

Jean-François reconnut avec douleur qu'il n'était

pas une seule idée qui lui fût commune avec ces parents ; pas un seul fait à l'égard duquel sa manière de voir et la leur ne se trouvassent en parfait désaccord ; il avait à opter entre un silence maussade et des discussions interminables hérissées de diatribes acerbes qui le blessaient au vif du cœur et lui laissaient une tristesse morne. Souvent même ces discussions à propos d'idées dégénéraient en scènes violentes dans lesquelles le malheureux *fruit sec* se voyait jeter à la tête par des parents qu'aigrissait le ressentiment de leur position compromise les sacrifices à lui faits en vue d'un avenir dont on accusait ses opinions désastreuses d'avoir effectué la perte. Il ne tenait qu'à lui, dans ce cas-là, de se regarder comme un monstre achevé. — C'était intolérable. Mais sachant bien quelle tendresse profonde ses parents lui vouaient, le digne garçon oubliait, sur un regard, sur un mot affectueux parti du cœur, des vivacités que le cœur désavouait sans doute, et qui n'étaient que l'ébullition de l'humeur mauvaise.

Toutefois le retour fréquent des mêmes scènes par suite des mêmes circonstances ne laissait pas de constituer un ordinaire des plus désagréables, que nul plaisir, en dehors de quelques distractions littéraires, ne compensait.

Condamné à l'oisiveté de la province et réduit à attendre de quelque éventualité chanceuse un emploi à son activité, Jean-François ne tarda pas à éprouver le désir d'égayer de quelques fleurettes les steppes arides où il se trouvait engagé.

Il se lia avec une grisette.

III

Mademoiselle Rosalie avait dix-huit ans; accorte et fraîche comme le printemps; le teint doré; le frais éclat d'une pêche rougie aux baisers du soleil; un embonpoint aimable, des cheveux châtains plus fins que la soie; des yeux bruns, gais et francs, sous des sourcils bruns et fermes; un nez que la statuaire grecque eût peut-être blâmé, qui sait! mais qui lui seyait à ravir, vrai nez de Française, presque un peu retroussé, à narines mobiles bien ouvertes; un front découvert, un peu bombé, d'une noble forme; le visage plein, des lèvres légèrement surduvetées, lui façonnant une bouche riche en perles, d'un contour rare, facile au rire; un rire qui, avec sa voix douce, au timbre un peu voilé, était une de ses beautés. Jean-François ne savait qu'une rieuse dont la grâce eût un peu — mais encore pas tant — approché de celle-là; c'était Marie, ses premières amours de Paris, ses amours de vingt ans, Marie la folle, Marie la coquette, Marie la coquine, Marie la pimpante, Marie l'aimée, Marie la mauvaise, Marie, quoi!... Hélas! qu'en advient-il de ces premières amours? Mais que fait-on des vieilles lunes! — On les casse, dit Nasreddin Khodja, on en fait des étoiles. Ah! pourtant, que la vie est belle dans ces souvenirs du bon temps tout étoilés de ces jolies amourettes!

On eût passé des heures à l'écouter rire, cette Rosalie; je n'ai jamais rien vu, rien entendu de pareil; d'une plus belle forme, d'un plus joli son. Sa bouche s'épanouissait d'une façon que je ne saurais dire. Toutes les gaietés dont il me souvienne me semblent ridées comme une grimace à côté de cette belle gaieté sans gêne, belle comme un rayon de soleil sur les fleurs, gaillarde comme le chant du pinson, alerte comme une fusée qui éparpille sa gerbe d'or. Et puis de beaux bras, la main bien faite et potelée, avec des fossettes aux doigts et les doigts fuselés. Beauté de grisette, beauté du diable, soit. Vous l'eussiez aimée rien que pour son rire.

Jean-François l'aima de tout cœur. Elle le lui rendit bien. Ce fut sous un joli clair de lune qu'ils s'accordèrent, par une belle nuit de printemps, en un pré fermé de haies vives, constellé de marguerites, d'où l'on entendait jaser un rivelet qui coulait pas bien loin, susurrant une risette à chaque petit caillou. Jean-François se souviendra toujours de ce pré. Un petit air frais, qui faisait miroiter à la lune les saules et les trembles du bord de l'eau, apportait la bonne senteur des foins coupés, tassés aux prés voisins. Les chiens jappaient dans les métairies à quelque passant attardé, chantant à voix pleine ce chant favori des moissonneurs et faneurs du Midi :

Jano d'Oymé, to moti tié lebado ?
— Bel fil del rey, lo luno m'o trompado, etc.

Puis le bruit des pas et la voix se perdaient peu à peu dans les vagues horizons du silence, et l'on n'avait plus rien à ouïr que l'obstiné grillon interrompu par le clapotis de quelques grenouilles sautant à l'eau, ou par un frisson plus vif du vent dans les roseaux et les feuilles.

On se sépara avec promesse — sous le sceau d'un baiser — de se revoir tôt. Bientôt, en effet, l'on se revit, et les rendez-vous se répétèrent.

Rosalie profitait du sommeil de sa mère pour se glisser hors du seuil. Disons-le tout de suite : la grisette n'avait aucun remords de ses escapades ; dépourvue de tous préjugés — (son éducation, bornée à un bref séjour à une école tenue par les *Sœurs de la Miséricorde*, n'ayant pas eu le temps de les développer) — elle ne voyait aucun mal à cet amour qui la prenait, se sentait libre de sa personne et parfaitement en droit d'en disposer, sans en aviser quiconque.

C'était une bonne et franche nature, allant son chemin sans biais ; insouciante alors comme un enfant dont elle avait parfois le parler mignard ; mais elle était d'humeur constante ; elle l'a plus tard bien prouvé; d'un caractère aussi doux que sa voix, qui l'était tant; et, sous ses dehors enjoués, d'un bon sens sérieux et d'une force d'affection qui, n'ayant rien de sensuel, n'eut rien de passager, toute faite qu'elle était des plus pures tendresses du cœur.

D'abord Jean-François ne l'avait sans doute aimée que pour sa forme, pour ses yeux brillants et ses joues fleuries, pour tous ses appas fermes et positifs qui la rendaient, en effet, fort désirable; mais son affection ne tarda pas à changer de nature.

S'étant un jour demandé quelle serait la suite probable de cette liaison, la réponse que le bon sens lui fit le mécontenta fort. La probabilité d'un successeur, plus ou moins lointain, l'exaspérait; l'idée que, leur liaison une fois rompue, elle pourrait mener une vie misérable ou honteuse, lui était intolérable, et, ma foi, il fut forcé de se dire (ce qu'il ne s'était pas encore avoué) qu'il aimait cette enfant-là beaucoup plus qu'il ne fallait pour sa tranquillité; son affection était si désintéressée qu'il eût voulu assurer le bonheur de sa maîtresse par le coûteux sacrifice du sien. Il se préoccupait même du soin de lui trouver un mari qui la pût rendre heureuse; mais toutes les fois qu'il abordait ce sujet elle se jetait à son cou en pleurant et l'accusant de ne plus l'aimer. Comment tout cela finira-t-il? se disait Jean-François en hochant la tête.

La monotonie de la vie de province donnait des forces à ce sentiment qui en remplissait les vides; prenant par là dans la vie de Jean-François une importance tout autre que partout ailleurs, notre ami en était venu à trouver long l'intervalle qui séparait les rendez-vous, et souvent ses pas se dirigeaient, sans qu'il y prît garde, vers la grande route qui longe le jardinet au fond duquel était sise la maisonnette de sa chère amie; il espérait voir à la fenêtre ce frais visage lui sourire sous son petit bonnet.

Je ne saurais dire l'émotion qui s'emparait de lui à l'heure d'un rendez-vous, dans sa peur de quelque empêchement qui la retiendrait. Son cœur battait à tout rompre dès qu'il approchait du lieu convenu; mais quelle joie s'il l'y trouvait la première! — Ce qui avait lieu presque toujours; car, incertaine de l'heure, elle prenait de l'avance, de peur de faire attendre et qu'on ne partît.

Une fois, par une nuit étoilée, très-fraîche, il l'attendit longtemps, et elle de ne pas venir...; ne va-t-il pas s'aviser, — idée stupide, — de jeter les yeux sur une carriole de paysan abandonnée aux environs; ô joie profonde! il l'y trouva blottie, endormie sur un petit tas de foin dont elle s'était fait un oreiller. Ah! comme il la réchauffa dans ses bras, la pauvre enfant!

Une autre fois qu'il lui avait marqué pour rendez-vous un cabinet de verdure dans son jardin à lui, et que par cette nuit sans lune les charmilles épaisses ne laissaient rien distinguer, elle fit la malice de ne pas se découvrir et de le laisser une minute dans son attente anxieuse; puis comme il retournait vers l'entrée de la tonnelle pour la guetter au loin, elle bondit sur lui, l'étreignant par derrière et lui couvrant le front de baisers. Bien souvent depuis, la douce espiègle s'amusa à lui faire de ces peurs; peurs charmantes, émotions délicieuses; cinquante ans de paradis ne pouvaient, se disait-il, payer ces moments-là.

Et quand, par grand hasard, il arrivait le premier, il l'appelait doucement, croyant à quelque nouvelle surprise, et l'engageait à se découvrir; mais rien. Hélas! c'était donc vrai, pas encore venue, et si elle allait ne pas venir!... Quelquefois elle ne vint pas en effet, la fuite ne lui ayant pas été possible. Jean-François l'espérait au moins deux ou trois heures; « car, si elle arrivait une minute après mon départ, » se disait-il, « quels regrets! » Et il restait une heure de plus. Comme il trouvait alors vrai ce mot arabe sur l'attente : « Pire que le feu (1)! » Il passait une nuit déplorable, et préparait un paquet de reproches amers et sanglants pour le lendemain, dès qu'il la verrait, et du plus loin, et du plus loin qu'il la voyait, sa belle colère se dissipait comme un duvet sous un souffle; si heureux il était de couvrir de baisers ses belles joues humides de la fraîcheur du soir!

Tous les sites aimables du pays, un des plus charmants et des moins connus de France (il vaut au moins la Touraine), furent les témoins successifs de ces rendez-vous nocturnes. Tantôt dans certains prés enclavés entre deux collines dont l'une dresse des

---

¹ El intizar eschedd min en-nar.

ruines féodales d'un caractère imposant; tantôt, et si le temps avait pauvre mine, dans quelque vigne, en une de ces petites cabanes dont sont parsemés les coteaux vignobles de cette partie du Midi. En respirant l'air vif, on découvre de là, sous la clarté des étoiles, tout le vallon rayé par les rubans grisâtres des routes qui s'y croisent. Une jolie rivière y serpente en formant des îlots bordés de peupliers, et brise, en murmurant, sur des cailloux d'or, ses traînées scintillantes.

Désireux de la voir de jour, il lui donna un dimanche, — les champs se trouvent alors dépeuplés de cultivateurs, — rendez-vous à une vigne sienne située un peu au-dessous des ruines d'un vieux château encore assez fier; il avait, la veille, déposé dans la cabane quelques provisions, viandes froides, gâteaux, une bouteille de vieux cahors. Le chasselas et les pêches étaient en pleine maturité. Une petite source jaillissait dans la vigne, sous les ceps; c'était un filet d'eau plus mince qu'un brin de paille, qui d'un pied de haut coulait en grésillant dans un bassin aussi étroit et guère plus profond qu'une cuvette, joli nid d'eau bordé de mousse et d'herbes drues, qui suscitait maintes comparaisons plus ingénieuses que pudiques. Des *chevrettes* suivaient en zigzaguant le cours de sa rigole; on y mit rafraîchir le vin, qui fut trouvé délicieux. Puis, gais comme des écoliers en vacances ou des pinsons en goguette, on se jetait des grains de raisin, et l'on se poursuivait et l'on s'attrapait; — et de rire et de s'embrasser « comme du pain »; c'était

charmant. Jean rajeunissait; ses graves trente ans s'allégeaient comme plume. De folles ailes vibraient à ses tempes, où un beau vertige montait. C'était le dernier flot de sa jeunesse mûre, la suprême ivresse de ses derniers beaux jours ; oh ! courts moments de souvenance suave et triste ! En bas du coteau les cloches sonnaient les vêpres.... Ah ! les vêpres !... Comme celles du bon temps d'Hégésippe Moreau, ces cloches ne leur sonnaient que ce refrain vif et profond :
« Aimez-vous donc ; aimez-vous donc !... »

Un autre jour encore, il la voulut dans un bois de châtaigniers assez écarté de la ville. On s'y rend par des prairies étroites sillonnées de jolis petits sentiers parallèles. Du côté droit se dresse une côte pierreuse qui mène aux vignes, plantée à longs intervalles de grands noyers. A gauche, on rencontre, au bout d'un quart d'heure de marche sur une route qui longe des coteaux alors ras de leurs moissons, toute bordée de buissons charmants couverts de baies rouges et noires, une source issue du roc, qui a creusé en façon d'écuelle la pierre où elle se jette, — creux à souhait pour la main qui veut y puiser, — et se verse en coupant la route dans un petit étang peuplé de têtards, enjolivé d'un bouquet de saules.

Comme Jean-François cheminait à droite, il aperçut Rosalie de l'autre côté des prés ; mais ils ne se parlèrent point, parce qu'il y avait tout près de là des gens qui gaulaient les noix et d'autres qui portaient à la ville des paniers pleins de raisins bleus.

Le bois de châtaigniers est sur une pente de colline ; on voit de là bleuir les fumées de la ville au-dessus des clochers ; le bois est d'un beau sombre, très-serré d'arbres ; nos amants n'y furent pas dérangés. Lorsqu'ils se quittèrent, le soleil, prêt à disparaître, mettait du rouge aux coteaux et aux arbres, et enveloppait les visages d'une couleur dorée qui les transfigurait. Ils prirent les deux chemins parallèles et se suivaient de l'œil en marchant. Rosalie adressait de loin de petites mines drôlettes les plus réjouissantes du monde.

Ces menus détails peuvent sembler oiseux et sont en tout cas d'un pauvre intérêt pour le lecteur. Ils servent toutefois à expliquer le développement de cette affection, dont les suites sérieuses apparaîtront dans ces pages ; il est rare en effet qu'un amour débute à l'improviste et *sorte* du coup son plein et entier effet ; il se grossit et se fortifie insensiblement par une série successive de minces faits présumés à tort insignifiants, s'avive par des circonstances de lieu, de temps, tout à fait indépendantes de la personne aimée et dont pourtant on s'affecte à son profit ; ces riens réussissent à faire un tout ; groupés autour du motif principal, ils le renforcent, et peu à peu l'élèvent à toute sa puissance, comme les zéros juxtaposés à l'unité qui les valide et qu'ils amplifient ; et l'on soude ainsi, chaînon à chaînon et tout petit à petit, un lien plus tard malaisé à rompre.

Avec l'espionnage officieux qui fait le fond des mœurs de province, il est bien difficile, en dépit de toute précaution, qu'une liaison de ce genre reste absolument secrète.

La petite ville habitée par Jean-François (vrai guêpier de médisance active et d'intolérance bigote) ne faillit pas à ses devoirs en cette circonstance.

Tombée dans le domaine des *dévotes* du trou, devenue leur chose, la question Jean-François eut le sort d'un hanneton tracassé par une fourmilière.

Après les commentaires à l'emporte-pièce agités par ces langues d'enfer sur l'impie, le sans-culotte, l'affreux débauché dont les opinions perverses mettaient la société à deux doigts de sa perte et chagrinaient M. le curé, il ne restait plus qu'à pendre Jean-François. En effet, les soins pieux de ces bonnes âmes lui tricotèrent une casaque dont l'endos eût désobligé un forçat.

De plus, les parents de notre ami furent bientôt mis par d'officieux voisins au fait de sa jeune liaison.

IV

Comme Jean-François rentrait un jour vers les deux ou trois heures du matin, au retour d'un rendez-vous, il trouva fermée au verrou la porte qu'il avait laissée entre-bâillée. Son cœur battit ferme; on s'était donc aperçu de ses sorties.... Fâcheuse affaire ! Il voyait déjà se dérouler devant lui les difficultés horribles d'une explication imminente. Figé devant sa porte et monologuant quelques pauvretés lugubres, Jean-François se demandait s'il ne valait pas mieux achever sa nuit dans les plates-bandes du jardin. Enfin, convaincu que l'on savait tout, il se décida, quoique non sans peine et appréhension, à soulever le lourd marteau de la porte, incertain si elle s'ouvrirait.

Contre son attente, une lumière, après avoir dénoncé un œil de bœuf, ne tarda pas à briller à travers les joints; les verrous en se desserrant rendirent un petit rugissement aigrelet que Jean-François eut l'idée de trouver sinistre. Une vieille bête de servante... bigote et laide... (de temps immémorial on n'avait jamais possédé que de ces monstres-là dans la maison Jean-François; c'était une attention de madame, qui mettait un soin tout particulier, — toujours couronné de succès, — à trier des femelles impossibles, introuvables par toute autre que par elle, qui s'en était assuré le monopole; elles étaient citées en ville : les dames à maris guillerets parlaient de faire des sacrifices pour se les attacher; mais elles restaient inébranlables, soudées comme des cariatides grotesques à cette maison, où leur originalité était appréciée; on eût gagné de l'or à les montrer à la foire); donc, un affreux vieux laideron de servante était venu lui ouvrir; sa figure, que, par un effort remarquable et qu'on eût d'avance déclaré impossible, elle était parvenue à rendre un peu plus laide que de coutume, sa figure revêche et tirée semblait la préface des discours horripilants qui se préparaient en haut.

Il la suivit lentement, pesant sur les marches de son pied qui tirait cinquante livres de plomb.

En haut de l'escalier se dressait sa terrible mère, la face phosphorescente d'indignation.

Avec sa sagacité ordinaire, Jean-François comprit tout de suite qu'il allait passer un vilain quart d'heure. Il ne se trompait que sur le temps : la chose dura trois heures, montre en main.

D'abord il avait salué sa mère avec politesse et fait mine de gagner sa chambre d'un air gentil; on lui barra le passage.

La tempête s'annonça avec une hauteur qui dépassait du premier coup toutes les *espérances* de Jean-François; ses souvenirs, sévèrement interrogés, se refusèrent à lui rien fournir d'équivalent.

Après quelques préludes tonnants, tous les grêlons de l'injure, partis du même saut, l'un tirant l'autre comme une série de boulets ramés, attrapant en plein Jean-François, le ravagèrent de fond en comble. Tout y passa; il fut accablé d'invectives et arrosé de larmes. Il rentra chez lui abîmé.

Ce garçon-là aurait volé le saint sacrement, incendié plusieurs granges, arpenté les grands chemins pour y fusiller les messageries, mis lâchement son vieux père à la broche et poussé la platitude jusqu'à en manger un morceau, qu'il n'eût pas été traité, dans un réquisitoire passionné, avec la rigueur éclatante dans laquelle sa mère l'étreignit pour un bout de nuit passé avec une grisette. Encore ne savait-on pas le côté vraiment sérieux de l'affaire.

Sans garder absolument la neutralité, le père de ce jeune homme mûr, morigéné comme un mineur de quinze ans surpris sur le seuil d'un mauvais lieu, se limita à un silence éloquemment réprobateur, conjointement à un degré de froid vif et soutenu, indulgence relative qui accusait peut-être le souvenir lointain de quelque gaillardise aimable, hé! hé! *consulè planco*.... au beau temps hardi de nos cheveux noirs.

N'est-il pas triste de voir certains pères, — les cas sont nombreux, — se mettre l'esprit à la torture pour priver leurs descendants des plaisirs qu'ils ont, eux, largement goûtés en temps et lieu?

Les quinze jours qui suivirent cette découverte furent enveloppés dans la brume d'une bouderie taciturne, où quelques ricanements amers et maints soupirs aigus pratiquaient seuls des éclaircies.

On ne se voyait guère qu'à table, où l'on se passait les plats sans mot dire.

« Malheureux enfant, tu nous tueras, » dit la mère à Jean-François en concluant les larmes aux yeux la récapitulation de ses griefs le jour où son ressentiment commença à se démettre de sa sauvage énergie.

Jean-François embrassa sa mère. Depuis longtemps il avait renoncé à découcher; seulement il rentrait plus tard et raréfiait ses rendez-vous, auxquels il ne put se résoudre à couper court.

A part l'amourette en question, la conduite de Jean-François était des plus régulières ; il passait la journée entière chez lui à écrire ou à dessiner, essayant de temps à autre de quelques efforts pour relever son avenir, et adressant, dans ce but, à des gens fort capables de l'y aider, des lettres qui restaient sans réponse ou qui n'amenaient aucun résultat. Il ne mettait presque pas les pieds dans les cafés, la vue des cartes lui donnant des nausées, la bière bue sans soif lui étant odieuse et le billard l'ennuyant au possible.

Sa seule distraction consistait dans la lecture quotidienne des journaux à un cercle composé d'amis de son père, tous parfaits honnêtes gens et gens de bonne compagnie, mais dont les opinions étaient l'antithèse des siennes. Au surplus, il s'était fait une loi de n'y jamais causer politique, et ces messieurs avaient, disons-le, le bon goût de ne jamais l'amener sur ce terrain, où l'on n'aurait évidemment pu s'entendre et où l'on risquait de se blesser.

Une circonstance imprévue vint, sur ces entrefaites, arracher Jean-François à la monotonie de son existence et le lancer de nouveau dans la vie orageuse du journalisme.

V

On se souvient de la réception éclatante ménagée par les brasseurs de Londres à M. le feld-maréchal Haynau ; la démocratie française leur en fit ses compliments. Les démocrates de la petite ville de *** crurent devoir prendre part à cette manifestation générale en envoyant où de raison leur poignée de main, sous la forme d'une adresse dont on confia la rédaction à Jean-François, qui, naturellement désigné par ses antécédents de publiciste, ne put se défendre de rendre ce mince service, et fut par là conduit à figurer en tête des signataires de l'adresse, dont copie fut envoyée à l'*Éclaireur*, organe de l'opinion avancée du département.

Le jour où « la feuille coquelicot » (sobriquet trouvé par le journal officiel) parut publiant cette adresse colorée, Jean-François rencontra *aux Tilleuls* son père le nez sur cette feuille, qu'il froissait en grande agitation, les pommettes animées de rose, — sa pâleur habituelle ne tolérant pas une nuance plus vive. — Dès que son fils approcha, il lui mit l'adresse sous les yeux, déchira le journal en quatre et de ses doigts crispés en fit une boule qu'il aplatit d'un ferme coup de pied. Depuis ce jour, un silence absolu régna entre le père et le fils.

Presque en même temps, à propos d'une distribution de prix chez les frères de l'école chrétienne, un prêtre de l'endroit publia, dans le journal officiel du chef-lieu, une lettre des plus blessantes quant au fond, des plus violentes quant à la forme, contenant, outre une attaque fort gratuite contre le parti avancé de l'endroit, des personnalités choquantes à diverses adresses. Cette lettre produisit tout l'effet qu'on en pouvait attendre, une vive irritation. Plusieurs méditaient un charivari puissant sous les fenêtres de l'agresseur, ceux-ci opinaient pour un silence dédaigneux, d'autres enfin jugeaient indispensable une réponse faite avec de la bonne encre. On s'arrêta à ce dernier parti. L'adresse aux brasseurs, conçue en style ferme, avait plu; on ne trouva pas mieux que de charger Jean-François de la réponse à M. l'abbé Fanorties; il s'exécuta de bonne grâce.

Contre l'attente du parti adverse, qui comptait sur une riposte furibonde, Jean-François eut le bon goût et la perfidie d'écrire une lettre marquée au coin de la parfaite modération, destinée à donner, par l'effet du contraste, un relief choquant aux grossièretés de l'attaque; le diable n'y perdait rien. Sous les jolies fleurs de la bonhomie sifflotait une vipère inattendue armée de toutes ses dents.

Le style, sans se déganter de sa politesse glacée, laissait jaillir çà et là maintes griffettes aiguës qui rayaient mieux que l'épiderme, voire s'enfonçaient au vif des chairs.

La chose eut un plein succès. Jean-François eut la rare fortune de mettre de son côté les rieurs de toute nuance, même les *jaunes*. Le malencontreux agresseur voulut revenir à la charge ; mais ses confrères, fâchés d'une initiative qui avait si mal abouti et qui dès ors passa pour un *pas de clerc*, lui interdirent la réplique par ordre supérieur.

L'adresse aux brasseurs eut un autre sort.

Prenant Jean-François à partie, entre les signataires de cette pièce, le journal officiel dirigea contre lui une attaque en forme, signalée par cette violence de mauvais goût qui cherche à blesser la personne bien plus qu'à combattre les idées ; triste exemple trop souvent donné par la presse en général, et poussé jusqu'au scandale par la presse des départements, sans distinction de parti. Ceci amena une polémique qui dura un bon mois, les journaux respectifs ne paraissant pas plus de deux fois la semaine.

Bien que conservant toujours la forme polie, mais d'un poli à rappeler l'éclair du couteau, Jean-François mit vraiment — et ceci fait de la peine — mit de la férocité dans ses répliques ; d'assailli il se fit assaillant, se rua sur son adversaire et s'acharna à le dépecer.

La démocratie battait des mains.

Les habitués du cercle, qui s'étaient frotté gaillardement les leurs en savourant les délicieux quolibets de l'attaque, devinrent fort maussades lorsque ce mauvais coucheur de Jean-François se fit rude à la riposte, et ils se mirent à l'envisager de travers dès qu'ils comprirent que décidément il avait le dessus et que son antagoniste n'était pas de force.

Toutefois par égard pour la famille ils limitèrent à une froide mine l'expression de leur malveillance; mais ils se tenaient, — cela sautait aux yeux, — ils se tenaient à quatre pour arrêter au bord des lèvres les méchancetés spirituelles et autres qui s'y pressaient en frétillant.

L'oncle maternel de Jean-François n'y tint pas, lui; mais il tomba mal. Jean-François ce jour-là se trouvait en suite d'une discussion soutenue contre les auteurs de ses jours, avec un désavantage marqué; ce qui signifie qu'il était d'une humeur massacrante.

Dans une charge à fond de train, en laquelle les rouges laissèrent bien des morts sur le carreau, ledit oncle conclut par une apostrophe des plus saugrenues à son neveu, qui, mal disposé, doué d'ailleurs d'une patience très-défectueuse, l'envoya.... paître sans plus de façons, au grand scandale des habitués du cercle, au profond désespoir de sa famille, que désolait en outre la polémique interminable où ce garçon s'était engagé.

Enfin, agacé, ahuri, calomnié dans ses intentions, forcé à chaque instant dans sa tranquillité, harcelé de toute façon, froissé, aigri, exaspéré, crispé de cette prétention exorbitante qui voulait grever sa pensée d'hypothèques absurdes, en lui imposant des idées dont son cerveau n'avait pas le moule, il cassa résolûment les vitres, alla droit devant lui, tête baissée, sans égard à rien, sans considération de personne, mauvais comme un âne rouge, brutal comme un sanglier, avec un coup de boutoir à la disposition de n'importe qui.

Cependant sa polémique durait encore.

Un dernier article, cruel jusqu'au sang, par lequel il y coupait court, lui attira une provocation de la part du rédacteur en chef de la feuille officielle.

Il fut convenu que les deux adversaires feraient chacun la moitié du chemin, assez considérable. La rencontre devait avoir lieu dans les environs d'un bourg situé à égale distance du chef-lieu et de la ville de Jean-François. Celui-ci fit des préparatifs discrets, et sous prétexte d'invitation à la campagne, partit une heure avant le jour avec ses deux témoins, anciens militaires, fort aptes à comprendre le sérieux de la chose et à ne pas la laisser tourner au badinage.

Il avait eu la veille une entrevue fort tendre avec son amie, à qui il se garda bien de communiquer l'incident, le cœur serré toutefois à l'idée d'une séparation possible. Seulement, par une superstition d'amoureux, il l'invita à faire pour lui des vœux dont il lui tut l'objet.

L'aube commençait lorsqu'il atteignit cet endroit où la route en s'élevant mord dans le roc qui la surplombe et qu'elle finit par dompter moyennant une pente douce.

Une eau limpide et glacée jaillissait en cascadant de la crête du roc. Jean-François en but quelques gorgées avec cette volupté que procure la soif. Comme il remontait en voiture, ce verset du Psaume lui revint à la mémoire : *De torrente in viâ bibet ; propterea exalta-bit caput.* Il tira bon augure de cette réminiscence, qu'il s'appliqua modestement.

Les préliminaires d'un duel sont assez connus. Il est peu de romans qui n'en offrent une variante plus ou moins ingénieuse et détaillée ; qu'il soit permis d'y glisser rapidement. Comme tout cela ne se rattache d'ailleurs que d'une manière très-indirecte au sujet principal, on voudra bien se contenter de savoir que les deux adversaires échangèrent sans résultat sanglant une balle ; après quoi l'offensé s'étant déclaré satisfait, on s'en revint comme on était venu, chacun de son côté avec les siens.

Le secret de ce duel n'avait pas été si secrètement gardé qu'il n'en eût transpiré quelque chose ; mais l'important c'est qu'il l'eût été suffisamment pour que les parents n'en fussent instruits qu'après coup ; ce qui, en effet, eut lieu ainsi.

Nos gens trouvèrent sur la route un groupe d'amis qui, intérêt ou curiosité, s'étaient mis en chemin pour savoir au plus tôt l'issue de cette rencontre dont ils avaient eu vent. Grande joie, comme on pense.

On décida d'aller souper à ***, seul endroit de la route où l'on pût espérer un repas sérieux.

La soirée était fraîche, car les feuilles commençaient à jaunir ; de sorte qu'au moment où on passa le seuil d'une de ces auberges qui portent invariablement à la façade cette légende traditionnelle : *Au lion d'or* ou *A la croix blanche,* chez Pierre (ou tout autre nom), bon logis a pied et a cheval (assertion majuscule bien capable d'ouvrir à l'imagination d'agréables perspectives, mais souvent présomptueuses, hélas! jusqu'à l'extravagance); de sorte, dis-je, qu'une fois introduit dans le bouchon, on supporte fort bien le vis-à-vis réchauffant d'une de ces cheminées immenses où flambent à perpétuité des feux à cuire le menu de Gargantua.

Une oie s'y laissait rôtir en compagnie de plusieurs poulets, fréquemment arrosée de son jus par une margoton aussi dodue, mais plus bête que l'innocente qu'elle rôtissait, et répandait (l'oie, bien entendu) un fumet qui n'avait rien de désobligeant pour les nez humants et creux de voyageurs aptes à casser croûte. Quelques amis politiques du lieu vinrent se joindre à eux.

Rassuré sur son rendez-vous du lendemain que les circonstances avaient eu la bonté de respecter, mis en gaieté par quelque vision confuse d'avenir rajusté par des circonstances, qui devaient, hélas! se montrer plus cruelles, satisfait de s'être honorablement tiré du pied l'épine de ce duel, mis en très-belle humeur par la bonne compagnie qui l'entourait, enfin ayant au cerveau une de ces bouffées d'espérance à travers lesquelles on distingue parfaitement ces jolies perspectives aboutissant par des allées de jasmins en fleurs à maints châteaux en Espagne, aux croisées desquels accourent radieuses toutes les belles dames brunes et blondes du pays de la Fantaisie, Jean-François, disons-nous, se sentit fort dispos à fêter le souper.

La chose se composait de l'oie en question, d'une fricassée de belle mine, d'un filet de bœuf rose, tendre, juteux, d'un civet honorable, d'une triomphante omelette aux champignons et d'une brochette de grives fleurant le genièvre, d'un beau panier de raisins dorés et croquants, et de ces petits fromages secs, vrais « compulsoires de beurettes » qui sont la gloire du pays ; le tout arrosé par un petit vin joli de bouquet, qui se laissait fort bien boire, coïncidemment à un de ces fringants appétits que procure l'air vif du *Causse*, le plus efficace de tous les apéritifs.

On servit avec le café un cognac plein de distinction, et chacun se mit alors, sérieux préliminaires de toute bonne causerie amicale et philosophique, à bourrer soigneusement de ce *caporal* savoureux auprès duquel, de l'avis de tous les fumeurs sérieux, le tabac turc n'est qu'un vil foin, ces vieilles pipes de terre à tons d'ivoire, à la brune *culotte*, dont le souvenir tracassier férocisant l'humeur vous porterait à casser sur les reins de l'Orient tous les blonds tchibouqs, dans lesquels il fume son dernier soupir.

On ne se sépara que fort avant dans la nuit.

VI

Le lendemain, notre ami frappait au logis paternel sur le premier coup de la grand'messe.

Toute la ville (ses parents exceptés) était informée de ce duel, destiné à défrayer, plusieurs jours durant, les causeries de la localité. — Eh bien! il y a du nouveau, se disait-on à mi-voix, de cet air mystique et effaré des gens qui se savent la bouche pleine de quelque secret délicieux qu'ils vous invitent à siroter. Mais au bout de peu, on ne pouvait plus rien s'apprendre de foncier; restaient les détails et les broderies.

On acquerrait ici une idée splendide de l'imbécillité humaine si l'on pouvait passer une revue de tous les vilains enfants dont accouchèrent les cervelles dévotes du lieu mises en travail par ce fait excessif tout à fait en dehors de leurs concepts usités.

Le cyclope Polyphème promené dans la ville au bout d'une corde n'eût pas été l'objet d'une curiosité plus hagarde que ce déplorable Jean-François lorsque, naïvement et comme si de rien n'était, il opéra sa sortie habituelle après vêpres, sous le feu nourri d'une attention qui chassait les prunelles comme des pierres d'attente, à faire craindre qu'elles ne jaillissent de l'orbite pareilles à des noyaux de cerises expulsés d'entre le pouce et l'index.

La mère de Jean-François sentit ses jambes se dérober sous elle et faillit s'évanouir quand elle apprit le danger couru par son fils à leur insu.

Passé le premier saisissement, le père se comporta assez bien dans cette circonstance ; et on a tout lieu de supposer que le bon homme ne fut pas, au fond, fâché, — le danger passé, — de cette empreinte de vigueur produite par monsieur son fils.

En raison de la cause génératrice de cet épisode de couleur brune, la démocratie locale tint compte à Jean-François, comme d'un service à la cause commune, de ce qui n'était, après tout, que le résultat de considérations purement personnelles, et lui témoigna dès lors une bienveillance démonstrative, je dirai volontiers une affection, qui se produisit en toasts chaleureux, en ovations même, et qui alla jusqu'à des propositions de candidature à la représentation nationale.

Cette popularité prime-sautière et fortuite était trop compensée par une brouille ouverte avec toute la parenté, non moins irritée qu'inconsolable de la profession de foi scandaleuse qui froissait au vif ses préjugés et effeuillait dans la boue toutes ses glorioles aristocratières.

Aussi l'oncle farouche était-il l'organe brutal, mais fidèle de tous les siens, lorsqu'il criait à voix haute à son républicain de neveu : « Tes opinions déshonorent la famille. »

La situation était ainsi engagée, sans solution visible à ces difficultés très-tendues, lorsqu'une circonstance imprévue vint, non pas les dénouer, mais les rompre :

On se trouvait à cette époque où le fameux complot dit « de Lyon » motiva l'arrestation de nombreux publicistes que le pouvoir d'alors se crut obligé de tenir sous clef.

Au nombre des prévenus figurait le rédacteur en chef de l'*Éclaireur*. Alarme au camp! l'organe du parti était menacé d'une extinction de voix. Il s'agissait de mettre prestement la main sur un rédacteur intérimaire pour tout le temps, présumé long, que durerait la détention du premier.

Sur le conseil de quelques représentants du département, on s'adressa à Jean-François.

En d'autres circonstances, peut-être, celui-ci eût refusé, contre ses goûts, cette proposition honorable et flatteuse, dont l'acceptation assurait sa rupture avec tous les siens. Mais cette fois, d'abord, le mal était aux trois quarts fait; ensuite, par les persécutions variées que ses opinions lui attiraient, la place n'était plus tenable; il accepta.

Larmes, prières, promesses, menaces, tout fut mis en jeu pour l'arracher à sa résolution. Il tint ferme. Son père et sa mère refusèrent de le voir au moment du départ; toute la famille se voila la face; il partit.
—On ne le maudit pas précisément, mais il ne s'en fallait que de très-peu.

Telles furent les suites premières de cette *adresse*

qui devait avoir pour notre ami des conséquences bien plus graves.

Lorsque le sort lui mit la plume à la main, il le poussait en même temps par les épaules sur la route de l'exil, et il ne mit qu'un an pour l'y faire aboutir ; aussi Jean-François, qui était quelque peu philosophe et très-curieux de causes premières, répondait-il à Widdin, à ceux qui le questionnaient sur les causes de son expatriation : « Qu'il était exilé parce que les brasseurs de Londres n'avaient pas été polis avec M. le maréchal Haynau. » Les Turcs trouvaient cela un peu fort.

Le départ de Jean-François se compliquait, comme, sans doute, on y a déjà pensé, de la séparation avec Rosalie ; ce n'était pas certes sans un très-vif regret que notre ami s'y décidait. Néanmoins à ces moments perdus où l'on se trouve accessible aux prudentes arrière-pensées insérées par le bon sens dans les interstices du sentiment, il n'avait pas laissé d'apprécier parfaitement les motifs divers qui lui enjoignaient de couper court à une liaison menacée du plus triste avenir. Bref, malgré les excellentes qualités de sa maîtresse, il n'en pouvait, n'en voulait sans doute pas faire sa femme : tout s'y opposait ; alors pourquoi donner à cette affection le temps de se fortifier encore ? Une occasion rare se présentait de rompre ; c'était folie de la manquer.

« Essayons, du moins, se dit-il, en transigeant un peu, de quelques semaines d'absence ; cette amourette aura sans doute le sort de ses pareilles; dès qu'elle m'aura perdu de vue, Rosalie, après quelques jours donnés à ses jeunes regrets, finira par se consoler; mes soins nouveaux seront favorables à l'oubli; je rentre dans la vie sérieuse : voici l'hiver! Nos amours auront eu la durée de la belle saison et... les amours sont-elles éternelles!... » — Tout cela était fort sensé. Les choses devaient se passer autrement.

Lorsqu'il informa Rosalie de son départ indispensable pour cause de journal, celle-ci, fort peu au fait de ces questions, crut, d'après les paroles à dessein très-vagues de son amant, à un éloignement momentané, et, malgré la tristesse qu'elle en prit, son alarme ne fut pas trop vive. Observons d'ailleurs que son affection, quoique déjà forte, n'avait pas encore acquis toute l'intensité qu'elle gagna plus tard. — « Dans une semaine au plus tu auras de mes nouvelles, » lui dit Jean-François en l'embrassant, « et enfin, si la séparation t'est trop pénible, je verrai, au cas que mon absence se prolonge, à t'appeler auprès de moi. » — Il croyait mentir, le malheureux. — « Au surplus, » ajouta-t-il, « tout me fait présumer un retour prochain. Résigne-toi à une absence de quelques semaines peut-être; tout cela n'est rien. La joie du revoir effacera ces petites peines. » Là-dessus il l'embrassa de nouveau toute pleurante et, se sentant gagner aussi d'un attendrissement qui l'inquiéta, il la quitta brusquement au milieu du chemin et s'enfuit, non sans se retourner à plusieurs reprises, distinguant encore dans l'ombre de cette nuit sans lune le petit bonnet de sa douce amie.

Sérieusement c'était mal débuter et même il fallait s'y prendre tout autrement ; et, par un adieu définitif, arrachant sans pitié toutes les vivaces fleurs de l'espoir, casser, sans peur du mal, dans un baiser suprême et résolu, les fibres dolentes qui soudaient les cœurs. Jean-François manqua de cette force.

Son départ était fixé au lendemain matin ; au jour, ses préparatifs terminés, ayant un quart d'heure à lui, il alla furtivement passer sous les fenêtres de sa maîtresse ; la vit de loin à sa croisée, pensive, absorbée, pâlie ; cette vue l'attrista ; elle ne l'aperçut pas et il ne voulut se montrer. Il courut à la diligence et arriva le soir même à ***, où il fut reçu à bras ouverts.

Le prochain numéro de l'*Éclaireur* parut avec cet *en tête* explicatif :

« Sur le point d'obéir à la force qui l'arrache à ses nobles et chers travaux, notre ami M. *** me passe la plume qu'on a voulu briser dans sa main ; espérons un retour prompt. A poursuivre son œuvre de dévouement mon talent ne saurait suffire, mais je peux y mettre mon cœur : je l'y mettrai.

» JEAN FRANÇOIS. »

VII

Les bureaux du journal étaient situés à deux pas de la promenade, au centre de cette ville que Jean-François n'avait pas revue depuis sa sortie du collége, au deuxième étage d'une jolie maison donnant sur une rue large et fréquentée. Aux fenêtres de l'appartement composé de quatre pièces, flottait, ainsi que d'usage, le drapeau tricolore indicateur obligé de tout quartier général de la démocratie.

Le personnel du journal se composait, outre le rédacteur en chef, sur qui roulait toute la besogne, à laquelle il suffisait d'ailleurs parfaitement, d'un collaborateur chargé des faits divers et de tous les menus articles de chronique locale, dont les fonctions peu assidues, au demeurant, étaient tout à fait gratuites ; d'un commis appointé chargé de la mise sous-bande des numéros, de la tenue des livres, etc. ; et d'un distributeur du journal, brave et digne vieux bonhomme, excessivement populaire en ville ; revenant presque toujours de ses courses la boutonnière enjolivée d'une fleur, don de quelque grisette en folle humeur, et l'estomac réchauffé de quelques discrètes gorgées de rhum, offertes par les abonnés, dans les cafés où il déposait la feuille.

Ce bonhomme à barbe de neige, type de Silène rubicond, très-affectionné à l'ancien rédacteur, et qui ne tarda pas à s'attacher à Jean-François, qu'il finit par adorer, cumulait, avec ses fonctions de distributeur, celles, beaucoup plus fantastiques, de gérant responsable de ce journal très-sujet à procès, et qui, lorsque Jean-François en prit la rédaction, comptait déjà, non sans orgueil, sept grosses poursuites tuées sous lui. Et, en effet, une condamnation pour délit de presse, dans ce département, eût semblé, il faut le dire, une monstruosité juridique. Les braves jurés appelés à prononcer par oui ou par non sur le sort du délinquant ne comprenaient qu'avec des difficultés extrêmes les causes mirifiques capables d'élever à l'état de culpabilité odieuse cette mise d'un peu de noir sur du blanc; aussi acquittaient-ils presque toujours, réservant leur verdict répresseur pour les scélérats immédiatement perceptibles au gros bon sens : vol, viol, assassinat, etc.

Au demeurant, le parquet savait d'avance à quoi s'en tenir sur le résultat définitif de ses poursuites, et s'il persistait dans son système rigoureux, c'était uniquement pour faire montre d'un zèle qui, convenablement apprécié, pût valoir à qui de droit, en amplifiant le laconisme de ses états de service, un avancement laborieusement cultivé.

Par ces motifs et autres, tels que, par exemple, les égards du jury pour toute famille bien posée comme celle de notre ami, Jean-François, très-insoucieux des conséquences de son audace, alla de l'avant avec l'aplomb d'un garçon franc du collier, ferme dans ses convictions, sûr de l'impunité, libre de préjugés et possesseur d'une plume armée d'un bon bec.

Non pas qu'il se permît des excentricités de rédaction compromettantes, il avait assez de tact pour ne rien produire d'excessif ; mais enfin, il déploya sa pensée sans scrupule, toute sa pensée, bien nette. Il dédaigna l'obscurité. Loin de là, soufflant sur son verbe, il illuminait deux fois par semaine les colonnes de son journal d'articles flambant clair, convenablement justificatifs du titre adopté.

Jean-François, qui se couchait tôt, se mettait d'ordinaire au travail sur les deux heures du matin, et écrivait jusqu'à six, soit levé, soit — ce dont il fut coutumier — au lit ; après quoi il dormait environ une heure ou deux. Puis s'emparait des lettres et journaux que le facteur glissait sous la porte, en prenait connaissance et y répondait sur-le-champ s'il y avait lieu ; corrigeait les épreuves, etc. Arrivaient ensuite les amis politiques et autres, enfin tous ceux de la « *boutique* » ; on commentait les nouvelles ; on se communiquait les bruits de ville ; on proposait des sujets d'articles. Après le déjeuner, qui avait lieu à onze heures, il fumait un cigare à son café habituel, se remettait au travail et, sur le soir, allait faire un tour à l'imprimerie et y donnait la mise en page ; après quoi, s'accordant une heure de flânerie rêveuse, il dirigeait ses pas vers un petit sentier tracé dans le roc broussailleux qui longe la rivière et d'où l'on domine toute la ville ; c'était l'heure de plaisir de la journée. Il repassait alors mentalement les articles qui devaient voir le jour, cherchait des corrections, mettait des vigueurs, biffait des crudités, méditait l'harmonie, travaillait le rhythme, *chiquait* la phrase enfin, ou bien cherchait de nouveaux sujets d'articles. Et surtout il laissait aller sa pensée à ces doux propos d'avenir que les événements se font un jeu de modifier. Il appelait cela fumer son opium.

Telle fut à peu près sa vie de tous les jours ; il fréquenta peu les lieux publics, se borna à un cercle d'amis et mit dans son existence modeste une régularité dont on lui fit honneur.

Il avait retrouvé à *** quelques amis de collége, mais presque tous — par fâcheuse occurrence — d'un parti opposé au sien et, qui pis est, en place. L'un d'eux même était — particularité assez piquante — procureur de la république, et c'est à lui qu'échut l'initiative des deux procès qui marquèrent le passage de notre ami aux affaires de ce journal, fidèle, comme on voit, à ses traditions militantes. Cette initiative empressée eût prouvé au besoin que les obligations du magistrat ne coûtaient rien à l'ami, si l'on en juge du moins par sa promptitude du plus chétif prétexte pour mettre son ancien camarade sur la sellette ; tant le sentiment du devoir combiné avec une généreuse ambition avait de puissance chez ce fonctionnaire. Son talent, par malheur, n'était pas précisément à la hauteur de ce zèle qui le dépassait visiblement d'un bon pouce.

On en peut dire autant du préfet, magistrat plein d'initiative aussi; ex-homme de lettres, ayant judicieusement délaissé pour la carrière administrative une profession qui le vouait à l'obscurité permanente des médiocrités authentiques. Ne laissant pas néanmoins de se piquer toujours d'écrivasserie, il adressait au journal officiel (qu'il dirigeait d'ailleurs de ses inspirations) de fréquents articles non signés, mais facilement reconnaissables à leur physionomie ingrate. Jean-François « *était aux anges* » lorsqu'il surprenait le patron dans la peau du commis; il tapait alors comme un sourd sur cette enveloppe d'où il avait vu saillir un tout petit bout de l'oreille administrative, et mettait le personnage y intrus dans un état déplorable. Aussi pouvait-il compter pour le lendemain sur une riposte ébouriffée, attaquée de l'apoplexie d'une fureur sourde, et trahissant la colère bleue, fille d'un pompeux éreintement.

Ceci avait pour effet ordinaire de redoubler l'atroce hilarité de ce mauvais cœur qui happait au bond la tartine plombifère, et la donnait à mâcher à la risée mordante d'un nouvel article endenté comme un requin. Et le journal officiel de lui montrer le poing; et Jean-François de se tordre les côtes.

Ce qu'on trouvait de bizarre, c'est que ce publiciste moqueur eût si peu l'extérieur de l'emploi : la panse et la trogne de Falstaff. Il était droit comme un if, maigre comme les chats dont il avait l'œil clair; pâle comme l'Hamlet de Delacroix en colloque avec les fossoyeurs, et sérieux comme un page qui médite une bénédiction à coups de fusil. Assez laid, en somme. Il s'égayait aisément avec ses intimes, et devenait alors « bon comme le bon pain ».

Notre ami — (il est juste temps de le dire, et de plus il faut que ce récit, qui se traîne dans les graviers du début en rosse blasée sur les coups de fouet, s'enlève des quatre fers et galope au dénoûment), — notre ami, disons-le donc au plus vite, s'ennuyait de l'ennui le plus intense. Il passait des soirées moroses seulement illuminées par le souvenir de deux beaux yeux bruns qui vivaient en la face resplendissante de sa Rosalie.

L'oubli n'arrivait pas; l'amour tenait bon. Ses occupations le distrayaient bien un peu; mais une fois débarrassé, il n'en sentait que mieux l'absence de cette chère enfant, pour qui, par un changement singulier dans la nature de son affection, il se sentait maintenant une tendresse purifiée qu'on eût dite extraite des chaudes entrailles d'un père. Il lui écrivit, n'y tenant plus, avant le terme indiqué. Sur quoi, huit jours s'écoulèrent.

VIII

Un matin, comme on venait d'apporter son courrier, et qu'il cherchait parmi les quelques lettres éparses sur la table une réponse désirée, la porte s'ouvrit, et mademoiselle Rosalie, oui, mademoiselle Rosalie en personne, vint se jeter, joyeuse et folle, dans les bras de son cher m'ami — ainsi disait-elle dans son parler mignon.

Après quelques instants donnés à l'effusion de cette revue inopinée, Jean-François voulut essayer auprès de Rosalie des sévérités d'un grave arraisonnement. Mais au fond il tressaillait d'aise dans sa peau d'avoir retrouvé cette chère petite qui, lui posant la main sur la bouche, scandait d'une façon gentiment irrévérencieuse ce sermon d'un sérieux insuffisamment réussi.

« O mon bon Jean, » lui disait-elle, « sans toi je ne sais que devenir; je ne te gênerai pas, va! je tiens si peu de place. Et je puis vivre de mon travail; t'ai-je rien demandé pour ma route? Oh! garde-moi, garde-moi! » — Et elle lui sautait au cou. — « Tu me gardes, n'est-ce pas? Dès ton départ je n'ai eu d'idées que pour te rejoindre. Je ne savais ce que je faisais; je regardais sans voir; je répondais de travers; à peine si j'entendais. Ma mère s'impatientait; « Qu'est-ce que c'est donc, mon Dieu! tu as l'air d'une imbécile! » Les soirs je regardais sur la route ; il me semblait que tu devais passer par là comme avant. Je suis allée aussi à ta vigne, près de la petite fontaine ; je m'y suis assise et je me suis mise à pleurer de m'y trouver seule. J'allais au hasard sans voir personne. Moi, je ne savais pas que je souffrirais de ne plus t'avoir. Les jours sont longs. Ah! méchant, tu ne m'aimes plus ; je ne te croyais pas le cœur si dur ; aime-moi, Jean, je suis ton enfant, et tu m'as dit que tu m'aimais comme un père. Est-ce que tu vas me chasser ? » — Et comme Jean restait grave : « Eh bien, s'écria-t-elle vivement en courant à son petit paquet posé dans un coin, puisque tu ne me veux plus, je ne t'importunerai pas ; je m'en irai. » — Et elle se dirigea vers la porte, quoique lentement. — « Je m'en irai, » et elle pleurait à sanglots, « je m'en retournerai à pied, » continua-t-elle d'une voix entrecoupée.....

Jean se sentait le cœur gros à éclater ; sa paupière s'humectait ; son imagination se hâta de lui représenter cette pauvre fillette qui avait, d'un cœur si gai, donné tous ses gros sous pour une place dans la diligence, obligée de reprendre son chemin sous le poids d'une douleur qu'il mesurait à la sienne ; emportant pour souvenir l'accueil cruel de l'ami pour qui elle avait tout quitté sans regret, et passant, au loin de lui, des journées sombres que n'égayerait plus le joyeux soleil de l'amour, ou livrée à elle-même sans conseil, sans appui de personne, courbée sur ces travaux d'aiguille qui, n'occupant que les doigts, laissent au chagrin la place qu'il veut. Il alla à Rosalie, qui ne se pressait pas bien de passer le seuil ; il la prit dans ses bras : « Allons, méchante enfant, reste, » lui dit-il avec deux gros baisers, « reste, et arrive que pourra. » Et ce dessein arrêté, les premiers plans de son imagination s'enjolivèrent de gracieuses fleurs avivées de soleil, qui lui dérobèrent les espaces assombris fuyant à l'horizon de l'avenir.

A peu de distance de son journal, dans une de ces rues étroites et tortueuses qui, par cette disposition logiquement appropriée à la nature du climat, procurent au passant une ombre et une fraîcheur que l'ardeur de l'été méridional ne réussit presque pas à chasser, Jean-François trouva pour Rosalie une chambre disponible d'un loyer peu dispendieux, commode, un peu vaste, garnie des meubles et ustensiles de première nécessité dans tout ménage. La maison dont cette chambre faisait partie, occupée par divers locataires, artisans, jardiniers, etc., était une bâtisse en briques, dont la construction paraissait remonter au temps de François Ier. Au-dessus de la grande porte on voit encastrés jusqu'à une hauteur considérable des bas-reliefs en pierre d'une grande richesse et d'un beau travail ; ce qui vaut à ce logis l'application de « *Maison aux images* ». On monte aux divers appartements par un large escalier tournant, en pierre, dont les marches sont si vastes, si aisées qu'on pourrait, ce semble, guider un cheval jusqu'au plus haut, et l'en ramener sans difficulté.

La chambre où s'installa Rosalie n'avait rien de bien gai ; elle était propre, d'aspect un peu sévère : deux vastes croisées, garnies au dedans de panneaux articulés, en bois de chêne, ouvraient : l'une sur la cour, l'autre sur une petite ruelle de triste mine. Les deux meubles remarquables de cette pièce étaient un lit carré à colonnes torses, à rideaux de serge verte passementés de jaune, et une immense armoire en bois de noyer du ton le plus brun, polie comme un miroir, arrivant presque à la hauteur de la travée ; large réceptacle d'effets, comme on n'en fait plus aujourd'hui ; comme on en faisait il y a cent ans par faveur pour cette passion chronique du linge qui tient au cœur de toutes les ménagères de province.

Une vieille glace à cadre doré, en bois sculpté, formé de rinceaux, d'oiseaux, de fleurs, était dressée obliquement au-dessus d'une large cheminée où, par les soins de Jean-François, flamba tout l'hiver un feu splendide.

En somme, une personne peu habituée aux raffinements du luxe pouvait parfaitement s'accommoder à ce logement.

D'ailleurs, tout cela importait peu à Rosalie, heureuse comme une sainte d'habiter la même ville que son m'ami, et sûre de le voir chez elle tous les soirs que le bon Dieu fait.

A ceux que pourrait étonner cette liberté d'allures dont témoigne la conduite de notre grisette, on peut faire observer que les us de la classe ouvrière comportent forcément, sauf exceptions, moins de rigidité que ceux des classes élevées. Les travaux excessifs des parents n'y permettent pas toujours cette surveillance assidue, facile aux familles bourgeoises. Dans le présent cas, Rosalie, qui d'ailleurs n'avait que sa mère, personne de caractère assez faible et crédule, chargée de famille, put aisément préparer son départ en l'expliquant par la nécessité de perfectionner, chez les bonnes ouvrières du chef-lieu, son apprentissage de couturière, et en se donnant pour capable de vivre de son travail ; ce qui n'avait rien d'improbable, car elle était adroite comme une fée. Peut-être, au fond, la mère soupçonnait-elle la véritable cause du départ, et avait-elle pour le sentiment qui tenait sa fille une indulgence fondée sur ce motif complexe : sa faiblesse naturelle, sa tendresse très-aveugle pour son enfant, et aussi, qui sait? le vague espoir de quelque issue honorable dont sa pauvreté se trouverait bien.

On était au commencement de l'hiver ; les ruisseaux de la rue avaient déjà cette mince couche de glace, prélude des fortes gelées. Jean-François prenait ses repas seul, ou, par extraordinaire, avec un ou deux amis, à un restaurant voisin de son logement ; les convenances s'opposaient à ce qu'il mangeât — du moins habituellement — avec sa maîtresse ; mais il ne manquait guère d'aller chez elle après son dîner, qui avait lieu fort tard, c'est-à-dire à la nuit close. Croirait-on que, malgré la certitude à peu près complète de la rencontrer au logis, il se défendait presque toujours mal de la peur de la trouver absente, et que son cœur battait comme celui d'un amoureux de dix-huit ans courant au premier rendez-vous d'une première maîtresse ?

Ravivée, en joie par sa vue, cette bonne Rosalie s'abandonnait à ce joli caquet des grisettes, gracieux et vif comme l'allure des oiseaux ; et la soirée se passait, auprès d'un bon feu petillant, en causeries tendres ou rieuses, interrompues par les agaceries de cette espiègle incorrigible, qui ménageait à son ami toutes sortes de bons tours pendables, dont celui-ci était mis en demeure de tirer vengeance éclatante : tantôt ses cheveux qu'on tirait plus fort qu'un peu ; du noir dont on le marquait à la joue ; souvent un mouchoir mis en boule qu'on lui jetait au front, qu'on voulait reprendre, qu'on reprenait, qu'on s'arrachait avec des rires fous. Et de courir çà et là, derrière le lit, autour de la table, pour s'éviter, pour s'attraper ; et elle était souvent la plus forte, cette terrible fillette ; elle vous le pinçait, vous le mordait, vous le tapait et fort et ferme ; le houspillant de la bonne façon, cherchant à l'enlever dans ses bras fermes et ronds, et cela finissait par la plus fervente des embrassades. — Et on recommençait très-peu après.

Jean-François, confessons-le à sa plus grande honte d'homme politique, s'amusait, comme un collégien de sixième à une partie de barres, à ces belles folâtreries de grisette, auxquelles il trouvait le temps court.

Quelquefois on lisait. Rosalie n'était pas lettrée, mais son intelligence vive la mettait au fait de l'essentiel.

Si elle goûtait peu ou saisissait mal les saillies, les pointes, etc., en revanche, tout ce qui était de sentiment vibrait en elle avec une suite, une force extrêmes ; et, arrangez cela avec sa gaieté, elle aimait les belles choses sérieuses ; les drames de Victor Hugo la charmaient au possible. Jean-François, qui lisait bien, lui lut un jour la *Claudie*, de George Sand ; il la fit abondamment pleurer ; elle avait les larmes aussi faciles que le rire, et plus touchantes qu'on ne pourrait dire ; on ne résistait pas à la consoler ; sa sensibilité exquise en fournissait de fréquentes occasions. — Toutes les délicatesses du cœur, elle les a eues ; on ne regrettait pas les finesses de l'esprit. Son instruction, je l'ai dit, était à peu près nulle ; Jean-François y prenait à peine garde ; peut-être l'eût-il moins aimée savante. Au reste, des lectures répétées jointes à un bon sens rare finirent-elles par lui donner plus tard une valeur intellectuelle (j'entends hors des pointillesses de l'esprit qui n'étaient point dans sa nature) difficile à rencontrer chez les demoiselles des pensionnats ; elle avait de moins qu'elles les mièvreries et les vapeurs et les ruses. En outre, — particularité que ce Huron de Jean-François appréciait on ne peut davantage, — elle ignorait entièrement le piano et ne savait aucune romance à la mode.

Mais quand elle chantait, de sa voix douce, pure et fraîche, cette naïve chanson patoise :

> Couro bendro lou mé dé maï,
> Lou mé dé lo biouletto, etc. [1],

[1] Quand viendra le mois de mai, le mois de la violette ?

ou toute autre, Jean-François la laissait à grand'peine aller jusqu'au bout et s'empêchait mal de la serrer tout de suite à plein bras, et de lui manger de baisers cette douce voix sur les lèvres.

Elle ne savait, cette fillette gasconne, que des chansons patoises dans le genre de celle-ci :

> O qué l'omour es trounporèlo [1]
> Qu'a l'y se fio trounpa séro.
> Lo maïrié qué m'o nouirido
> Énquèro sa pa moun noum ;
> Iou m'opèli Joubénèlo,
> Joubénèlo per moun noum, etc.

ou encore :

> Obal en ribieiréto [2]
> Lio 'u aoubré tout en flour ;
> Los trés filioi d'un princé
> Se soulounbron detzou :
> S.n douos qué cant' et dansou,
> L'autro pluro toutzour, etc.

[1] O que l'amour est trompeur*elle!*
Qui se y fie trompé sera.
La mère qui m'a nourrie
Encor ne sait pas mon nom :
Je me nomme Jouvencelle,
Jouvencelle par mon nom.

[2] Là-bas au bord de l'eau
Il y a un arbre tout en fleurs ;
Les trois filles d'un prince
S'ombragent là-dessous :
Sont deux qui chant' et dansent,
L'autre pleure toujours.

ou des chansons d'un français pastoral et gasconné :

> Trois jeunes militaires
> S'en allaient à la guerre
> Avec le cœur dolent, etc.

ou :

> Quand la bergière va-t-aux champs,
> Elle n'y va pas seulette, etc.

ou :

> J'ai dormi trois ans,
> Trois ans avec elle
> Dans de beaux draps blancs
> Garnis de dentelle, etc.

Tout ça rime pour l'amour de Dieu, et c'est tout ce qu'on voudra ; eh bien, entendez-le sur l'air qui le scande, et vous serez séduit : c'est la poésie, non de la muse, mais « de la musette ».

Jean-François aurait vendu tous les flonflons des orchestres et toutes les roulades des ténors illustres pour une simple ariette envolée dans la voix de la Rosalie qui ne savait pas une note, voyez-vous !

Des fois on grillait les marrons délicieux à croquer, avec quelques doigts d'un vin blanc clairet fleurant la pierre à fusil. Dans ces occasions-là, Jean-François amenait deux ou trois intimes, les seuls qu'il eût mis au fait de sa liaison, car il trouva bon de se tenir sur la réserve avec les autres ; et, bien que cette liaison fût connue de reste, comme il se gardait de l'afficher, et que, loin de là, il n'en soufflait mot, on imitait sa discrétion.

Il n'abordait pas Rosalie dans la rue, il ne l'y saluait que d'un furtif sourire, qu'elle lui rendait, il est vrai, d'une façon moins ménagée. Cette sorte de contrainte, exigée pour le salut des apparences, ajoutait, se peut, au charme de la liaison.

Bien que la sagesse parfaite de Rosalie donnât toute sécurité, Jean-François n'était pas inaccessible à maintes traversées de jalousie, inséparables de tout amour violent, soucieux de son bien, craintif de sa perte, âpre et farouche à la défensive.

Il ne découvrait rien de cela aux amis, mais il lui arriva de quereller cette douce petite, qui n'en pouvait mais, pour l'avoir vu saluer par tel ou tel autre, ou pour l'avoir vue au théâtre — lui étant à l'avant-scène — répondre aux personnes assises à côté d'elle au parterre. Jean était certes injuste à l'excès dans ces moments-là; mais jalousie et justice ne sont-ce pas des termes qui s'excluent? Rosalie, au surplus, n'était pas bien fâchée de ces vivacités qui prouvaient la force de l'attachement. Une fois, néanmoins, les choses allèrent si loin que la pauvre enfant, tout en pleurs (des pleurs à amollir un tigre à jeun), lui dit de cette voix qui se coulait si bien au cœur, un: *qué taï fa?* (que t'ai-je fait?) dont Jean-François n'oubliera jamais l'accent...; quelque chose de doux et de déchirant; les grâces navrées et soumises de la faiblesse brutalisée par la force. — Jean-François fut changé en mouton pour le reste de la nuit.

Mais Rosalie fut indulgente pour cet excès d'un sentiment qu'elle devait elle-même exagérer jusqu'à la vive jalousie.

IX

Une fois l'on arrangea une partie de campagne à quatre ; il fut convenu que *les messieurs* passeraient devant avec la voiture et attendraient *les dames* un peu hors la ville. Cet arrangement déplut tout à fait à la compagne de Rosalie, saisie de l'âpre ambition d'être contemplée en carrosse. Jouissance exorbitante que Jean-François s'acharna à lui refuser. Cette fille, du plus maussade caractère, en rancune du bout de chemin qu'elle avait dû accomplir à pied, fut tout le temps d'une humeur qui abîma le plaisir des autres. Transformée pour son amant en buisson d'épines, elle passa la journée à lui infliger des piqûres et ne s'adoucit un peu qu'au dîner ; encore trouva-t-elle tout mauvais, accablant de quolibets l'hôtesse, brave paysanne, qui s'était mise en quatre pour bien traiter son monde et qui croyait, non sans quelque raison, y avoir un peu réussi. Mais mademoiselle Joséphette, en fille qui a vu le monde (elle avait passé un an à Paris dans les modes), crut le dédain de bon ton; elle vilipenda les sauces et fit fi du vin râpet qu'elle traita méchamment de piquette. Bouleversée par ce dernier trait, l'hôtesse fut sur le point de sortir de son caractère; elle se contint néanmoins; mais, comme on se leva de table, prenant à part Rosalie, qui, avec la conviction d'un vif appétit, avait déclaré tout excellent, en appuyant son dire par les preuves les plus positives, tandis que sa belle humeur semblait le soleil dont l'autre était l'ombre : « Ce n'est pas, lui dit-elle, votre sœur, ma bonne demoiselle, cette autre; ça se voit. Bien sûr, vous ne lui ressemblez guère, et je vous en complimente, quelle chipie! N'était le respect de ces messieurs et le vôtre, je lui aurais joliment rivé son clou, à cette pimbêche! » Rosalie excusa sa compagne, et calma l'exaspération de la paysanne avec ces douces paroles et cet air bon enfant qui la faisaient si bien venir de tous.

On s'en retourna un peu plus gaiement qu'à l'arrivée, ce qui, au fait, est peu dire.

Une autre partie eut un meilleur sort.

La matinée était charmante, quoique un peu fraîche d'une pluie de la veille; quelques nuages se promenaient de long en large et de temps à autre se mettaient sans façon devant le soleil, ce qui n'était pas fâcheux. La route était tout le long plantée de peupliers. Cette fois encore on était quatre, et Rosalie seule de femme. La route fut animée d'un épisode qui aurait pu tourner au sinistre : le cheval, craintif et mal

6.

guidé, recula dans un fossé, où l'on versa proprement. Jean reçut dans ses bras Rosalie, un peu pâle, pâle aussi lui-même, car il avait tremblé pour elle. On traversa un peu plus bas la rivière, en barque, et l'on parvint sans autre encombre à un village situé de l'autre côté de la rive, où les gens de la ville sont dans l'usage d'aller manger des matelottes qui valent bien celles d'Asnières.

Nos amis commandèrent une copieuse friture de goujons, sans préjudice aux fricots en train de mijoter dans les casseroles, d'où s'échappaient des fumets séducteurs.

Au dessert, l'hôtesse, qui leur porta un beau panier de cerises, trouva, je ne sais comment, un air timide à Jean-François et à Rosalie. Elle en fit naïvement l'observation. « Ce sont, » répondit avec un grand sérieux l'un des deux autres, « ce sont, voyez-vous, des nouveaux mariés. — Tiens, sont-ils bêtes ! » s'écria-t-elle avec un air de bonhomie si farce que tous quatre partirent d'un bel éclat de rire. « Oh ! » reprit l'hôtesse d'un air finot, « ça se passera, ça se passera ! » Rosalie devint rouge comme les cerises du panier, à la grande gaieté de l'hôtesse, qui lui pinça familièrement le bout du menton et ajouta une petite tape sur sa joue fleurie.

Ces distractions furent rares, car Jean-François, obligé à une certaine circonspection, redoutait les rencontres ; de sorte que la pauvre Rosalie restait la plupart du temps confinée dans sa chambre, ce dont elle ne songeait pas à se plaindre, réservant pour ce méchant m'ami sa belle gaieté de grisette. Elle donnait tout ce qu'elle avait, la pauvre petite, et n'exigeait rien. Depuis un an qu'il la connaissait, tous les cadeaux de Jean se réduisaient à deux robes d'indienne et à un châle de quinze francs, dont elle faisait ses beaux jours; suffisante ainsi, parée de sa fraîcheur et de son sourire. O délicieuse beauté du diable, quels diamants te pourraient payer!... Elle mettait des boucles en argent doré, valant bien cinquante sous. Voyez-là d'ici avec ces boucles, un bonnet de basin sur ses cheveux en bandeau, une robe à carreaux menus et une pèlerine noire en mérinos, allant jusqu'aux reins, dont la ligne serpentine était brusquement relevée par une croupe andalouse, et vous aurez une esquisse vague de cette petite personne, non point belle, mais aussi gentille de mine et de parler que le puisse être fillette de son âge.

Les dimanches on s'attifait mieux. Le joli châle vert à fleurs faisait des siennes sur une pimpante robe en mousseline-laine, que Jean-François fit la folie d'acheter; — cadeau payé en transports d'allégresse de la force de vingt baisers à la minute. Le basin cédait alors la place au coquet bonnet de dentelle, piqué de pompons roses. Ainsi faite belle, ainsi magnifique, allait-on à la promenade, où l'on espérait être aperçue du m'ami.

«M'ami! m'ami!» lui criait-elle le soir, dès que son pas résonnait dans l'escalier, «m'amiiiii...» d'une voix si plaisamment mignarde et aigument douce et tintinnante qu'on eût dit le fin soupir d'une flûte de cristal ; — et le m'ami d'embrasser. Et elle, la scélérate ! de lui mettre au visage la main sortie moite d'un plat de salade (elle était folle de salade), qu'elle mangeait avec les doigts, s'il vous plaît ; atrocité dont le m'ami tirait sur-le-champ une vengeance à faire frémir.

Tous les dimanches, de fondation, à six heures sonnant, mademoiselle Rosalie montait d'un pied leste les marches qui conduisaient chez Jean et l'honorait de son souriant vis-à-vis à une table où se trouvaient mis deux couverts.

Une imprudence de Rosalie lui valut à quelque temps de là une grave maladie, qui l'alita un bon mois. Sa jeunesse et sa force l'en tirèrent ; elle reprit sa belle santé. Mais les alarmes de Jean-François avaient été vives. Quant à Rosalie, elle avait tout simplement redouté l'inconstance de Jean-François ; la jalousie qui s'empara d'elle et qui se trahit par un actif espionnage date de là ; sans motifs pourtant.

Dès lors elle passait sous ses croisées dix fois par jour, et s'en revenait toute malheureuse si elle ne l'avait entrevu.

Elle allait, collant sa joue aux vitres du restaurant où Jean prenait ses repas, épier si par hasard quelque belle dame ne s'y prêtait pas à un coupable tête-à-tête, et, dans ce cas, prête à griffer, la chatte !

Jean la surprit aux carreaux un jour qu'il n'était pas encore entré, et ne put garder le sérieux devant son petit air attrapé.

Elle le voulait tous les soirs et prétendait à toute sa nuit. Aussi arrivait-il souvent à Jean de faire le matin ses articles à côté d'une collaboratrice d'autre sorte, endormie à ses côtés d'un sommeil d'enfant.

Dès qu'il posait la plume, elle lui apportait, avec une légère tranche de pâté froid, une pêche et un doigt de vieux vin pour qu'il attendît plus patiemment chez elle l'heure du déjeuner. Quels regrets de ne le pouvoir suivre partout ! Un soir qu'il s'était positivement refusé à rester, pour je ne sais trop quels motifs qu'elle goûta peu et qui attirèrent ses soupçons, elle poussa (faut-il le dire ? — bah ! disons-le), elle poussa la vivacité, cette terrible jalouse, jusqu'à lui vider sur la tête, comme il traversait la cour, un pot d'eau fraîche que ce monsieur évita très-mal, ce qui l'obligea à remonter ; mais il bouda.

Parfois, preste comme un écureuil, elle mettait son chapeau sous clef, dans la fameuse armoire ; il eût fallu du canon pour en forcer les portes. Quant à lui prendre la clef, elle vous avait un petit poignet ferme, avec des muscles d'acier sous des doigts potelés ; et puis quel meurtre de brusquer ces jolis doigts !

Et des fois qu'il parlait trop tôt de s'en aller, elle lui mettait d'abord la main sur la bouche, puis lui prenait les deux mains dans les siennes et lui chantait de sa voix de pinson :

>   Obal en ribieireto
>   Lio 'n aoubré tout en flour.

Et Jean restait.

X

Ainsi notre ami faisait de sa vie deux parts, qui se ressemblaient peu. Dans l'une, il était un personnage sérieux, préoccupé, actif, trempé d'encre, armé d'une plume acérée.

Dans l'autre, c'était un insoucieux garçon, tournant à l'idylle, dispos à effeuiller des marguerites sur la verte coudrette où s'ébattent les jeux et les ris.

En tout cas avait-il réussi à s'attirer les sympathies de la classe ouvrière du chef-lieu, empressée de reporter sur lui une bonne part de la popularité dont elle favorisait son prédécesseur.

Sa rédaction avait décidément du succès. Le journal était lu, goûté, applaudi même. Écrit avec cette vigueur de plume qui trahit un sentiment fort, une conviction arrêtée, un propos ferme; conçu dans un style dont les figures grossièrement enluminées à dessein, mais campées avec aplomb et vives de couleur, parlaient au sens populaire un langage clair, précis, à sa portée, ce journal dès les premiers numéros valut à son rédacteur ces poignées de main pleines de promesses dont le peuple n'est pas moins prodigue que les rois, sorte de « billet à la La Châtre » doué de l'éternité des bulles de savon, mais qui ne laisse pas sur le moment que de flatter, si peu que ce soit. — Mon Dieu ! qui n'a sa vanité ? — Ceux que l'on en gratifie.

Toutefois Jean-François n'eut en rien à se plaindre pour son compte. Les sympathies qu'on lui avait témoignées persistèrent jusqu'au bout. Il est vrai que les événements ne permirent pas d'éprouver à fond leur constance, du moins en ce qui lui était particulier. Quant au reste, nous n'avons pas à nous en occuper.

Quoi qu'il en soit, cette vie active adoucie par des loisirs agréables avait chassé l'ennui ; ce qu'elle pouvait avoir de trop sédentaire fut corrigé par ces quelques excursions d'obligation politique, ambitieusement désignées d'ordinaire sous le nom sacramentel de « tournées ». Or, bien que Jean-François, qui avait peu de goût pour les réunions bruyantes, ne se décidât qu'à son corps défendant à ces courses provoquées par l'insistance des correspondants du journal, il ne laissa pas d'être touché des témoignages nombreux d'estime et de sympathie qu'il reçut toujours pour « la mission à laquelle il s'était voué » nonobstant l'opposition ouverte de sa famille ; circonstance qui, bien connue de tous et combinée avec l'enthousiasme facile propre aux natures méridionales, lui acquit de chauds partisans et provoqua l'offre spontanée d'un concours efficace au succès de sa candidature pour les élections de 1852.

C'est au retour d'une de ces tournées le matin, et chemin faisant, qu'il lui vint l'idée d'un article entrevu à travers les chaudes vapeurs d'une tasse de thé généreuse, et publié quelques jours après sous le titre de *Lettre au clergé*. Cette lettre, pour laquelle il s'était tant bien que mal inspiré de Paul-Louis Courier, dont elle rappelait vaguement la manière, eut un succès fou de scandale. Ce fut peut-être une maladresse, au dire de plus d'un; mais si, en raison des dispositions d'esprit habituelles d'une partie de la population, cet article lui détacha quelques partisans timides, du moins eut-il aussi pour effet compensateur de resserrer plus fortement autour de lui le noyau compacte de ses coreligionnaires plus hardis. Mais dès lors aussi l'*Éclaireur*, déjà considéré comme la torche incendiaire du département, fut-il du haut de toutes les chaires diocésaines traité de tison d'enfer. Un curé de village alla même jusqu'à promettre l'excommunication aux abonnés et lecteurs de ce journal effroyable. Ainsi que d'habitude, on s'acharnait systématiquement à dénoncer comme insultes contre la religion ce qui n'était qu'attaques contre la sacristie. On confondit à dessein la boutique avec le temple, et Jean-François fut représenté comme l'Érostrate du Saint des saints.

Rôtis au feu de sa verve caustique, nombre de patients glapirent des clameurs d'oies persécutées et appelèrent sur la tête de l'irrévérent les foudres vengeresses d'un réquisitoire chargée à mitraille. Le réquisitoire, qui ne dormait que d'un œil, se réveilla en sursaut, disposa ses batteries, se bourra, au plus pressé, d'arguments explosibles et de commentaires blessants, et se proposa de viser juste.

Ainsi le journal, pour les prochaines assises, avait un bel et bon procès sur les reins.

Et, malgré l'indulgence habituelle du jury, cette fois, en raison de la nature de l'article, très-susceptible d'influences fâcheuses sur les consciences timorées, on n'était pas sans une inquiétude sérieuse touchant le résultat du procès. Aussi prit-on ses mesures en conséquence. Grâce aux renseignements très-précis fournis par les correspondants du journal, on sut presque immédiatement à quoi s'en tenir sur les dispositions particulières de chacun des membres du jury, et l'on tabla là-dessus pour les récusations facultatives.

De cette façon on obtint un jury dont la composition devait faire augurer l'heureuse issue de l'affaire. Tout ceci sans préjudice aux démarches à tenter auprès de ceux qu'on désignait comme douteux ; et c'est ici que l'influence de la famille déploya son efficacité : tel juré dévot eût condamné avec empressement le rédacteur en chef de l'*Éclaireur,* qui se laissait gagner par des scrupules et reculait à procurer l'emprisonnement au fils d'un voisin, d'un ami.

Sept jurés sur douze acquittèrent Jean-François, que défendit avec habileté un avocat de ses amis, candidat futur à la représentation nationale ; on avait songé d'abord à s'assurer le concours de quelqu'une des illustrations du barreau parisien vouées à la défense des accusés politiques, et qui d'ordinaire refusent d'autant moins l'appui de leur parole aux organes périclitants du parti, que leur présence dans le département où ils sont appelés est un tonique puissant de l'opinion, très-efficace pour l'acquisition de nouveaux adeptes et pour l'encouragement des timides. Mais, cette fois, tous se trouvèrent empêchés par diverses causes. Ainsi B. défendait un autre journal; M. de B. était malade, et J. F., auprès duquel Jean-François tenta inutilement une démarche personnelle, se trouvait retenu à Toulouse par des débats qui réclamèrent le huis clos.

Citons ici un mot qui fasse comprendre l'étroitesse ou la perversion d'idées de certaines gens en fait de délits politiques. Une dame alliée à la famille de Jean-François, se trouvant priée à un bal : « Il serait malséant, dit-elle avec une apparence de tristesse, d'aller danser quand on a un parent sur la sellette; » assimilant ainsi bêtement, sinon méchamment, Jean-François à un criminel ordinaire placé sous le coup d'une accusation infamante.

Le procureur de la république, ex-camarade de collége de notre ami, fut splendide de véhémence et d'indignation vertueuse; il lâcha sur son ancien ami des apostrophes de toute beauté, mais qui, comme une averse sur un buste de marbre, glissèrent sur Jean-François sollicité d'un fou rire toutes les fois qu'il jetait les yeux sur son persévérant accusateur, en qui, — quoi qu'il fît, — il s'obstinait toujours (pardon, ô magistrature!) à voir l'indigne gamin qui cassait à coups de pierres les vitres de son professeur de physique, pour en avoir été gratifié d'une boule noire lors de l'épreuve du baccalauréat.

Néanmoins il lui tint compte de ses louables efforts, et à partir de ce jour il le coucha tout du long sur le gril de son journal, où il le martyrisait avec une assiduité, une attention, qui témoignaient en apparence, — faux témoignage pourtant, — d'une rancune atroce.

Pris d'un intérêt sympathique pour le journal, et pour la personne du rédacteur, deux mille individus, au moins, stationnaient sur la place du Palais, en l'expectative anxieuse du résultat.

Dès que le verdict fut connu, des vivat énergiques accueillirent Jean-François à la sortie du tribunal et la foule lui fit une escorte glorieuse jusqu'à sa porte.

Ce résultat, de nature réfrigérante pour le zèle du ministère public, ne le détourna pas — à trois mois de là — d'intenter un nouveau procès, motivé par une prétendue attaque contre la propriété. Cette fois J. F. se chargea de la défense.

XI

Le département fut mis en émoi par cette annonce de la prochaine arrivée au chef-lieu du célèbre orateur. Aussi, à la vive allégresse des maîtres d'hôtel de l'endroit, l'affluence des étrangers venus pour assister aux débats du procès de presse fut-elle aussi considérable que le pouvait faire présumer une curiosité générale motivée par le désir d'entendre, dans tout son vivant éclat, une parole justement fameuse, entre toutes celles dont les journaux ne transmettent jamais que le reflet pâli.

Toute la ville était sur pied lorsque J. F. y fit son entrée. Toutes les voitures dont l'arrivée précéda la sienne, violemment suspectées de le recéler, subirent une inspection indiscrètement bienveillante, très-divertissante pour la plupart de ceux qui en furent l'objet, mais qui dut sembler passablement bizarre à ceux des voyageurs qui n'étaient pas au fait de la circonstance. Des paris s'engagèrent ayant pour objet l'arrivée future certifiée par les uns, révoquée en doute par bon nombre, de cette célébrité, le plus remarquable talent oratoire qui se soit révélé dans sa plénitude depuis les événements de Février.

Enfin des acclamations bruyantes, prenant leur source au point le plus lointain *des Fossés,* furent suivies du roulement d'une rapide calèche qui, ralentissant peu à peu sa marche, s'arrêta à l'*hôtel de France,* presque aussitôt enveloppée d'un groupe considérable de personnes, le regard écarquillé et la bouche ouverte, avec cette magnifique effronterie, imperturbable et naïve, qui caractérise toute curiosité populaire placée sur la pente de sa satisfaction.

Deux hommes descendirent de la calèche : l'un de taille élevée, le visage pâle, la lèvre dédaigneuse légèrement torse, le front haut en surplomb sur la face, l'aspect froid : c'était J. F., accompagné d'un représentant de ses amis.

L'affaire se présentait le lendemain ; or par l'arrivée de J. F. tout le monde fut content : le journal, de se savoir si bien appuyé ; le ministère public, d'avoir affaire à partie si forte que la lutte seule fût un mérite ; l'insuccès, une défaite honorable ; et le succès... (on verra qu'il y comptait) le succès, une gloire pleine de magnificences. Quant à la partie du public désintéressée dans la question, elle se montrait enchantée de la bonne fortune qui mettait à la portée de ses oreilles une parole de si grand renom.

Le chef d'accusation portait sur une attaque à la propriété.

S'élevant au-dessus de l'affaire infime confiée à ses soins et abordant, par une transition habile, ces considérations générales, qui, en élargissant l'horizon d'un litige, permettent aux ailes de l'éloquence le libre développement de leur envergure, J. F. prononça un des plus beaux discours dont jamais auditoire ait gardé le souvenir.

Et quand son évolution le ramenait au terre à terre du procès, l'orateur enlevait dédaigneusement, du bout de sa serre aquiline, le malencontreux réquisitoire, et puis, après quelques instants d'un jeu cruel, vous le relançait flasque et sans plumes dans les bas-fonds où il l'avait pris, et le laissait s'y débattre en étouffant.

Une pâle réplique du ministère public, amenant une

riposte du défenseur, fut suivie d'un jet fulgurant d'éloquence qui laissa tout l'auditoire brossé de la chair de poule et fit jaillir aux paupières ces demi-larmes irrésistibles, rosée vive du cœur pressé comme une orange par ces souverains maîtres de l'émotion et ces pétrisseurs de la volonté, autrement dits : princes de la parole !

Malgré le rude adversaire surgi en maître J. F., le ministère public, complétement abusé par ses renseignements, s'attendait, d'après les prétendues dispositions du jury, à une condamnation unanime. Et cette conviction était tellement robuste, qu'en prévision de ce succès probable (certain, au dire de tous), dans une affaire où la qualité du défenseur triplait l'importance de la réussite, on avait commandé un banquet mignon, à l'effet de fêter convenablement un si beau jour.

Malheureusement pour les convives, la décision du jury vint mêler à ces préparatifs gaillards une absinthe inattendue, d'une singulière amertume.

L'*Éclaireur* fut acquitté par onze jurés sur douze. Encore assurait-on que le douzième avait commis une fichue bête d'erreur dont il se montrait inconsolable.

Ah ! il fallait voir quelles figures contractées, d'une part, et de l'autre quelles faces hilares assistèrent au prononcé de ce verdict, dont la nature bénévole fut connue quelques minutes avant la déclaration du chef du jury.

Les juges y manifestèrent des nez invraisemblables

en saillie sur des visages pâles et tirés. Plusieurs spectateurs allèrent même jusqu'à prétendre (farceurs!) que M. le président avait mis un faux nez, — ce qui n'était pas.

Voici comment on sut d'avance l'acquittement : un des jurés s'était engagé à garder son chapeau sur la tête, en cas de résultat favorable. Peu après un ami, qui tenait son œil collé au trou de la serrure de la salle des délibérations, accourut joyeusement essoufflé, en criant : « Il est coiffé ! » L'explication, donnée à Jean-François, l'amusa beaucoup.

Quant à Rosalie, que chaque procès jetait en des transes mortelles, à la pensée d'une séparation possible par l'emprisonnement de son cher ami, et qui cette fois, blanche comme un linge, attendait dans l'angoisse de la peur l'issue de l'affaire, on peut se figurer sans peine avec quels transports de joie elle accueillait, aux premiers rangs de la foule, l'heureuse nouvelle circulant allègrement de rue en rue par des vivat triomphateurs.

Peu après ce fait, et 1852 s'approchant, les ouvriers demandèrent à Jean-François un hymne qui fût de circonstance lors de la crise pressentie. Je ne me rappelle que quelques fragments de ce chant, mis en musique par un ami de l'auteur, et chanté une première fois en présence de la fine fleur de la démocratie locale.

Autant qu'il m'en souvienne, cela débutait gravement ainsi :

> Amis, des lueurs triomphales
> Ont empourpré le firmament;
> Le tocsin, etc.

Les strophes se chantaient à l'unisson, mais elles étaient suivies d'une atroce ritournelle, lugubre comme le *De profundis*, dite ou plutôt glapie sur un ton insolent, rageur et saccadé, par une voix d'enfant de chœur aiguë et stridente :

> O rois ! vos fronts ont pâli
> Sous l'âpre tempête qui gronde, etc.

J'ai retenu cette strophe, qui se rapporte aux répressions sanglantes effectuées en Allemagne et en Italie :

> Des droits sacrés vengeurs sublimes,
> Bénissez-nous du haut des cieux,
> Vous tous, confesseurs magnanimes
> Et sacripants audacieux
> Qui vous couchâtes dans les tombes
> De par le plomb ou l'échafaud,
> En ces sauvages hécatombes
> Où vous êtes morts le front haut.
> O rois ! etc.

Cela se terminait avec un joyeux éclat et dans le doux balancement d'une sérénité idyllique, où la musique avait vidé toutes ses perles, car un couplet rafraîchissant, mettant fin à ces strophes en rafale fouettées d'une rouge averse, y rappelait le rassérénement de la nature après les vivacités de l'orage.

L'ensemble de ce chant parfaitement inédit, sauf

quelques timidités qu'y découvrirent les fervents, fut trouvé, en somme, assez congrûment expressif.

Après ces deux procès, la famille de Jean-François essaya d'un effort pour ramener au bercail la brebis obstinée dans son égarement. La mère, que les sorties de Jean-François contre le clergé avaient mise hors d'elle-même, lui écrivit une lettre peu capable d'arranger les choses ; les opinions manifestées par son fils y étaient tout bonnement traitées d'infâmes, et les bureaux dudit journal assimilés ingénieusement à un repaire. Jean-François jeta la lettre au feu, mais il en eut une tristesse de plusieurs semaines.

Cependant, à mesure que l'instruction du procès de Lyon se développait, nombre de prévenus étaient rendus à leurs familles. Un beau matin donc, le parquet déclara à l'ancien rédacteur de l'*Éclaireur* qu'il était libre de sortir, toutes préventions contre lui se trouvant dissipées. On ne l'avait pas gardé plus d'un an.

Mais la joie de cette nouvelle fut troublée par un incident qui prouva combien cuisait la brûlure aux maintes gens que notre homme aspergeait de son encre diabolique, saturée de vitriol.

Un mince article d'un correspondant du journal, inséré on ne sait comment à la troisième page, et qu'une distraction de Jean-François y laissa, contenant un compte rendu d'affaire correctionnelle, servit de prétexte à un procès intenté par le tribunal maladroitement mis en cause par cette peste d'article ; lequel tribunal, juge naturel en cette affaire, s'étant déclaré publiquement offensé, condamna le gérant du journal à quelques jours de prison ; — ceci n'était rien, mais, fait beaucoup plus grave, à une grosse amende que la malheureuse feuille ne fut pas en mesure de payer.

La sentence fut maintenue par le tribunal d'appel, auquel on s'était décidé à recourir.

Ainsi l'ancien rédacteur trouva, dès son arrivée, son journal gisant à terre, et, sinon mort, du moins sérieusement indisposé.

On résolut alors de laisser le cautionnement aux griffes du fisc, et déclarant l'insolvabilité du gérant, de reparaître avec un nouveau titre ; disposition qui n'impliquait que le versement d'une somme de beaucoup inférieure à l'amende prononcée.

Une amputation de trois lettres constituait le nouveau titre : L'ÉCLAIR.

De cette façon, ce champion batailleur, comme une bête fauve traquée de près, se sauvait laissant aux dents des limiers un tronçon de la queue.

Contracté par cette apocope, le nouveau titre y gagnait une brièveté menaçante.

Mais la prétention soumise au fisc souleva des chicanes qui devaient avoir une solution imprévue : on touchait à décembre 1851.

XII

Cependant, Jean-François, ayant rendu à l'ancien rédacteur son logement, en avait pris un autre dans les environs; car il fut décidé que la rédaction serait, jusqu'à nouvel ordre, partagée.

Jean avait aussi, mais un peu auparavant, trouvé pour Rosalie un autre logis plus commode dans une rue peu fréquentée, quoique centrale.

Toutefois, le journal, encore muet, s'occupait activement des moyens de recouvrer la voix. Les choses en étaient là, quand Jean-François reçut simultanément, de deux départements limitrophes où les deux procès avaient eu quelque retentissement et où sa rédaction fut appréciée, des propositions honorables dont le retour de l'ancien rédacteur de l'*Éclaireur* favorisait l'accueil et qui lui constituait un poste identique à celui qu'il occupait à ..., mais sur un théâtre plus vaste. Notre ami fit son choix et attendit sa nomination officielle; comme on la lui expédiait, éclatèrent les événements de décembre.

Le lecteur appréciera les motifs qui interdisent tout développement à cet égard. Les détails qui s'y rapportent appartiennent à l'histoire.

Les deux rédacteurs se partagèrent le département

et partirent, chacun de son côté, pour se rendre dans les diverses localités où leur action directe fut jugée la plus efficace. On peut présumer la nature de leurs efforts.

Engagé à un strict secret, Jean-François était parti sans prévenir Rosalie, qui passa une semaine entière dans la désolation, ignorant si son amant était mort ou vif.

Enfin, après maintes alternatives d'espoir et de douleur, Jean-François revint au chef-lieu, supposant avec quelque raison qu'on ne croirait pas à cette rentrée en la gueule du loup. Le fait est qu'il savait à peine où se réfugier ; mais le vrai motif qui le poussa à ... est qu'il lui fallait à toute force revoir sa Rosalie. Ce désir lui évita la déportation. En effet, sans sa maîtresse, il eût volontiers pris le parti, voyant les affaires perdues, de ne tenter aucun effort pour se soustraire aux recherches dont il ne tarda pas à être l'objet.

Rentré au chef-lieu sur les deux heures du matin, il congédia la voiture de louage qui l'avait amené, et s'engagea d'un pas rapide dans un dédale de rues où ne passait pas un chat. Grâce à la clef qu'il avait conservée, il pénétra, non sans un rude battement de cœur, chez Rosalie. Celle-ci était couchée, mais ne dormait que d'un sommeil très-léger, car Jean-François, qui alla droit au lit, sans lumière, la réveilla d'un baiser.

Je me déclare impuissant à peindre les transports

de la pauvre enfant, sautant soudain au cou de son
ami, qu'elle embrassait avec fureur, qu'elle maintenait
dans ses bras comme de peur qu'à le lâcher un instant
il dût s'envoler et disparaître.

Elle lui conta qu'à bout d'angoisses et hors d'état de
rester davantage en place, elle s'était décidée, ne le
voyant pas revenir, à se mettre à tout hasard à sa recherche ; et qu'ainsi, sa malle faite la veille au soir, le
voiturier devait venir frapper à sa porte dès le point
du jour....

Où serait-elle allée ? D'abord à ***, où quelques personnes assuraient avoir vu Jean-François. Elle ne songeait pas qu'avec les habitudes nomades que lui firent
les circonstances, son amant ne resterait pas douze
heures au même lieu. Le retour de celui-ci fut à point
pour lui éviter, à elle, des courses anxieuses et vaines,
et pour le sauver, lui, de la profonde douleur d'une
telle absence, sans parler des conséquences graves re-
latives à sa liberté.

Ainsi le sort, humanisant sa rigueur, procurait soudain à Rosalie un bonheur qu'elle n'espérait vaguement
qu'au bout d'une série de démarches pleines d'incerti-
tudes et de déboires.

Ces huit jours d'attente l'avaient maigrie, pâlie ;
mais le retour de François raviva les roses effacées ;
car Rosalie était de ces personnes soucieuses, dont le
moral affecte aussitôt le physique ; et qu'on juge de
son état durant ces derniers jours par ceci : qu'une fois,
s'étant mise en route pour aller voir sa mère, elle eut

à mi-chemin une telle attaque de regret, d'ennui, de jalousie peut-être, que, laissant la diligence, elle s'arrêta à un petit village que la route traverse pour y attendre le passage d'une voiture qui la ramenât; encore dut-on la dissuader de refaire sa route à pied, tant elle avait la hâte du retour; elle passa là une nuit trempée de larmes.

Cette fois notre ami, privé de sommeil depuis quatre nuits, prit place à ses côtés et s'y endormit subitement, brisé de fatigue.

Les circonstances qui pressaient Jean-François étaient faites pour troubler, sinon pour dissiper tout à fait la joie soudaine de Rosalie; il fallait cacher son amant. Et quelle douleur de ne le pouvoir garder auprès d'elle! Elle alla chez diverses personnes connues pour leur bienveillance; mais la terreur était grande: partout visage de bois sous divers prétexte. La plupart se disaient suspects eux-mêmes et leur maison dangereuse; tous furent d'avis que Jean était bien où il était; on le savait parti de la ville; nul ne soupçonnait son retour, moins encore son refuge chez sa maîtresse, de telle sorte que l'extrême imprudence était la prudence même. Cet avis, très-d'accord avec le désir secret de Rosalie, fut adopté forcément. Mais les transes étaient vives.

Rosalie amena, de nuit, à Jean-François, quelques amis qui n'avaient pas quitté le chef-lieu. On l'encouragea; on le persuada qu'il ne s'agissait que d'une courte tribulation; on se grisa d'illusions qui avaient du moins l'avantage de voiler les sombres échappées de vue de l'avenir, et de ne laisser en la pensée que les soins très-mitigés du présent.

L'imprudent Jean-François adressait à tous les coins du département des lettres que Rosalie jetait le soir dans la boîte. Il espérait et luttait jusqu'au bout. Il rédigea même, dans ses tristes loisirs, et recopia de son écriture la plus lisible, un nouveau numéro de l'*Éclaireur*, voué à l'éternité de l'inédit, dont il traça l'en-tête du bout de son doigt trempé d'encre, et que Rosalie mit en circulation chez quelques ouvriers. C'était, bien entendu, Rosalie qui allait aux provisions et qui préparait les repas. Jean l'y aidait. On écrivait; on lisait (à voix basse); on s'aimait; on espérait... — On espérait, hélas! — Mais, quand cette pauvre Rosalie s'en allait *aux vivres,* elle rentrait essoufflée de hâte, les flancs tordus par la peur de ne plus trouver son amant au gîte. Toutes les marchandes et femmes d'artisans qui la rencontraient lui demandaient — sachant sa liaison — des nouvelles de Jean-François.

Il faut dire ici que, contrairement peut-être aux us des autres localités du département, il règne au chef-lieu une tolérance parfaite de tout ce qui n'est pas nuisible à autrui. Une fille qui, sage d'ailleurs, s'attache à un amant, n'y est pas pour cela méprisée, et tant s'en faut; on respecte son attachement, et loin d'y voir un crime, on en ferait plutôt un mérite, par cela seul qu'il est constant. Rosalie ne fréquentant pas les bals, vivant retirée, parée simplement, libre de toute dette criarde; douce et polie avec les gens, avenante, bonne à voir, ayant à son sourire toutes les fleurs de sa bonté, était aimée de tout le monde. Elle répondait comme il se doit aux questions bienveillantes qu'on lui adressait; mais elle fut, dans ses réponses, aussi discrète qu'un vieux diplomate, n'y laissant rien percer qui pût trahir la présence de Jean. Cependant une mégarde de tous deux dévoila la chose à la propriétaire, femme d'un voiturier. Celle-ci jura tous les *Jésus, Seigneur!* d'être muette comme les pierres; et il paraît qu'elle tint à peu près parole, mais néanmoins cet incident accrut les craintes de Rosalie. La propriétaire proposa divers moyens d'évasion en cas de surprise. Toutes ces échappatoires parurent fort insuffisantes à Jean-François, mais comme on n'avait pas le choix, on s'y tint faute de mieux. Le fait est que si la force armée se fût présentée, la capture était inévitable.

Quinze jours s'écoulèrent ainsi, durant lesquels les espérances s'affaiblissaient à mesure que s'avivaient les craintes, lorsque l'avocat de Jean-François (lors du premier procès) reçut du père de celui-ci une lettre qui le questionnait sur le sort de son fils et offrait à ce dernier des moyens de refuge que l'on ne pouvait ne pas accepter; il fallut néanmoins fortement insister pour y décider Jean-François; car voyant dans ce départ une séparation pénible et de durée incertaine, il s'en inquiétait pour Rosalie. Mais celle-ci, désormais tremblante comme la feuille au moindre bruit, joignit ses instances à celles des autres, et le départ — aussi prompt et discret que possible — fut résolu. On avait répondu aux parents, — qui ignoraient et continuèrent d'ignorer la persistance de la liaison entre Rosalie et leur fils, — que celui-ci quitterait sa cachette pour se rendre au plus tôt auprès d'eux, afin d'aviser à un parti définitif. Les amis se cotisèrent à son intention, car il ne lui restait plus rien des fonds du journal.

Le soir même où cette résolution fut prise, Jean-François fut mené par Rosalie, à qui la peur d'une arrestation ne donnait plus de repos, dans une maison dont elle s'était assurée; elle appartenait à un ouvrier connu de la jeune fille pour ses sympathies envers Jean-François; mais peu communicatif de ses sentiments, il n'encourait pas de soupçon. Cette maison avait l'avantage d'offrir — au besoin — par les toits un passage facile à une maison contiguë dont le propriétaire, homme sûr et prévenu de la circonstance, disposa tout chez lui en prévision de l'éventualité redoutée. Le départ fut d'ailleurs fixé au lendemain soir. Rosalie s'assura d'un voiturier digne de confiance; et il fut statué en conseil d'amis que, sortie de la ville avec la voiture, elle irait se placer sur la route à une demi-heure de la ville, à un endroit désigné, où Jean-François viendrait la joindre; car on redoutait une inspection aux barrières : ainsi fit-on. Jean se rendit au port en compagnie de trois ouvriers, qui l'installèrent avec eux dans une barque et l'on gagna le large jusqu'à ce qu'on eut de beaucoup dépassé la ville. Alors on quitta la barque, que l'un des trois ouvriers ramena, et l'on se mit à gravir les coteaux qui pressent la rivière; mais on

8.

s'égara dans les vignes détrempées d'une pluie de trois jours, et ce ne fut qu'après une heure de retard que Jean-François arriva au lieu convenu, avec une livre de terre glaise à chaque botte. Rosalie avait passé tout ce temps dans une angoisse mortelle, car elle n'attribuait le retard de son ami qu'aux raisons les plus sinistres, et quelques amis, qui s'étaient aussi rendus là pour serrer une dernière fois la main à Jean-François, avaient, sans l'avouer, partagé un instant les craintes de la jeune fille. Aussi fut-on sur le point de rebrousser vers la ville pour savoir à quoi s'en tenir.

Jean-François, après avoir embrassé ses amis, prit place dans la voiture à côté de Rosalie, et les chevaux, fouettés avec vigueur, attaquèrent aussitôt la rude montée qui est le début de la route.

XIII

On s'arrêta sur les trois heures du matin à un petit hameau, non loin de l'endroit où, l'an passé, Jean se rencontrait avec le rédacteur de la feuille officielle; et tandis que les bêtes mangeaient l'avoine, notre ami, fort éprouvé des tracas de la veille fit faire une belle soupe à l'oignon, que l'air vif et l'appétit rendirent délicieuse; un verre de clairet acheva de réconforter nos voyageurs, qui se remirent en route avec des idées plus saines.

On atteignit dans la matinée une petite ville où l'on jugea bon de ne pas s'arrêter, vu les souvenirs mal effacés sans doute que Jean-François y avait, peu de jours auparavant, laissés de sa personne ; aussi poussa-t-on jusqu'à un village situé une heure plus loin, et distant seulement de trois heures de la ville natale.

Sous prétexte de grande fatigue, on annonça aux gens de l'auberge qu'on y passerait la journée ; il importait, en effet, pour plus d'une raison, de n'arriver que de nuit à ***, et la fatigue d'ailleurs était plus réelle que feinte après une nuit très-laborieuse ; de sorte que nos voyageurs se livrèrent avec plaisir à quelques heures d'un sommeil réparateur. Après quoi l'on fit un bout de toilette, et vers le soir les braves hôtesses (deux sœurs) qui tenaient le bouchon annoncèrent à leurs hôtes que, le repas commandé étant prêt, on allait, selon leur désir, servir dans la chambre.

Ce repas était vraiment pour Jean-François et Rosalie un dîner d'adieu. Aussi ne prirent-ils place à table qu'en échangeant un regard expressif dans lequel Jean surprit une larme sous la paupière de Rosalie, à qui il serra vivement la main. Cependant, s'il est certain que le moral influe sur le physique, il est tout aussi sûr que c'est avec réciprocité. Ainsi, après quelques plats abordés avec un appétit suffisant, et grâce au léger concours d'un vin passable, nos amis virent leurs dispositions, d'abord assez mélancoliques, se modifier insensiblement, et leurs pensées assombries gagner ces teintes rosées qui, entre tous les rayons du prisme idéal, passent pour la nuance propre de l'allégresse ou de la gaieté.

Enfin les brumes du souci, lentement dissipées aux lueurs de cette aurore, finirent par céder aux vifs rayons de l'espérance.

Et toutefois quelle différence de ces dispositions avec l'état d'esprit que Jean-François rapportait de son duel, lors du joli souper fait en nombreuse compagnie à la ville qu'on avait cette fois dépassée le matin.... Mais comme les temps d'ailleurs étaient changés aussi!

Quand on se remit en route, le soleil, rouge comme un coquelicot, déposait son silencieux baiser sur l'horizon qui l'allait envahir. Le crépuscule se préparait. Les ombres s'allongeaient sur la route, où le clair et le sombre s'allaient mêler dans peu.

Les feuilles à peu près desséchées des chênes clairsemés dans le bois que la route traverse sur son point culminant, étaient encore çà et là allumées de quelques touches rougeâtres rehaussées par l'azur froid et attristé d'un ciel où la nuit tombe. La soirée était piquante. Rosalie, assez peu couverte, se serrait contre Jean, qui l'enveloppait de ses bras et de son manteau, où elle était, selon le joli mot patois *ocoucoulado*, mot traduisible en français par dodelinée, mieux par le latin *infusa*. Ils allaient ainsi, les arbres fuyant à droite et à gauche, pensifs tous deux; lui, réchauffant la joue fraîchie de son amie de baisers fréquents et sincères;

elle, souriante et triste pourtant, mais pour le moment heureuse de se sentir de la sorte appuyée contre son ami cher, recueillie et gentiment ramassée comme une chatte qui *ronronne*.

Ils n'avaient point hâte d'arriver, car l'arrivée, c'était la séparation. Au bout de trois heures ils dépassèrent ce torrent où Jean-François avait, le matin qu'on sait, bu de la si bonne eau dans le creux de sa main, et devant lequel il repassait en fuyard.

Enfin, après nombre d'évolutions descendantes jusqu'au val, on atteignit cette belle allée de peupliers qui, longeant la rivière, signale l'approche de la ville, affirmée un peu plus loin par la pléiade disséminée de quelques lumières.

Il était temps de se dire adieu. Jean et Rosalie descendirent et congédièrent le voiturier, qui les dépassa pour gagner une auberge, où il fut convenu qu'on enverrait prendre les effets.

Puis, le cœur serré, ils se séparèrent, avec promesse de Jean-François de faire parvenir (chose assez difficile) de ses nouvelles, et ils entrèrent dans la ville par deux points opposés.

Il faisait nuit noire. Jean-François, suffisamment déguisé par son manteau, pénétra chez lui sans être vu de personne par la porte mal assujettie du jardin, et, parvenu au bout de l'allée, frappa doucement du doigt à une petite porte vitrée, ouverte en hâte, et se jeta dans les bras de son père et de sa mère, qui veillaient au coin du feu.

Pas de reproches, force larmes. Le malheur du fils effaçait soudain ses torts, fondés ou non. On décida qu'il passerait la nuit à la maison, on lui trouverait le lendemain une retraite plus sûre. Le lendemain, en effet, on tint conseil avec une vieille cousine, qui possédait à proximité de la ville une ferme où, dans une chambre réservée au maître, était pratiquée dans l'épaisseur du mur une cachette assez ingénieusement disposée pour la sécurité de l'intrus.

Ce ne fut pas sans répugnance que ladite cousine se prêta à l'arrangement demandé, et elle ne perdit pas cette occasion misérable de déblatérer sans générosité contre les opinions hideuses qui, tout en réduisant Jean-François à de telles extrémités, lui valaient à elle le ricochet d'un affreux dérangement.

Jean la laissa, tranquille en apparence, déballer son paquet de sottises, qu'il écouta avec le froid silence et la rage secrète des gens certains de leur droit contesté par les circonstances, et prêchés par un idiot qui se dresse sur les échasses d'un fait. La ritournelle revenait à ceci : Mais que diable allait-il faire dans cette galère?...

Il se sentait près d'éclater, mais un regard suppliant de sa mère le maintint en place.

Enfin, le soir venu, on l'installa dans sa retraite, où on lui expédiait des vivres qu'une brave femme de métayère lui apprêtait tant bien que mal. On lui procura quelques livres. Bref, la place fut tenable, du moins pour quelque temps. On avait dû nécessairement mettre au fait de la chose le mari et le fils de la métayère ; confidence peu dangereuse : c'étaient des paysans fort honnêtes, sobres de paroles, assidus aux champs, incapables d'une vilenie.

Dès le soir, Jean s'asseyait au coin de la vaste cheminée, fumant sa pipe et causant avec ces braves paysans, qui le questionnaient curieusement et l'écoutaient avec cette déférence des gens simples et des bonnes gens. Les croisées de la ferme, située sur une élévation, servaient d'ailleurs de cadre à de charmants paysages fort capables d'égayer l'esprit et la vue. Jean-François allait de nuit voir ses parents, ou en était visité.

Au demeurant, il se tourmentait fort de l'inquiétude probable de Rosalie, qu'il ne savait comment prévenir et qu'il n'avait pas vue de huit jours. Il s'avisa d'écrire à un de ses amis du chef-lieu une lettre contenant un billet à l'adresse de Rosalie, avec invitation de le jeter dans la boîte ; le timbre du chef-lieu devant au besoin donner le change. Dans ce billet, il indiquait pour rendez-vous une cabane bien connue d'eux en des jours plus calmes. Mais la lettre ne parvint pas à temps, et Jean-François se trouva seul au rendez-vous. Son amie n'y vint que le lendemain ; — entrevue toute pleine de la tristesse d'un avenir qui projetait ses ombres dans le présent. Rosalie raconta ses tentatives pour découvrir la retraite de Jean. Se donnant pour la sœur de son collaborateur au journal, elle s'était présentée précisément, — sachant n'en être pas connue, — chez cette cousine dont la ferme servait d'asile à son ami, et avait cherché à lui ravir quelques lueurs. Mais l'autre, assiégée par la peur de se compromettre, mentit avec un aplomb très-digne d'éloges et essaya, mais en vain, à son tour de tirer les vers du nez à son interlocutrice; elles demeurèrent toutes les deux impénétrables. Long temps se passa avant que la cousine découvrît avoir eu affaire à la maîtresse de son parent. C'était peu après cette démarche que Rosalie recevait le billet de Jean-François.

Plusieurs entrevues eurent lieu de la sorte; mais la cachette de notre ami risquait d'être éventée sous peu.

On avait remarqué les allées et venues de la servante, et enfin, fait décisif, la généreuse cousine, de plus en plus épouvantée des suites de son audace, ne tarda pas à s'en expliquer avec les parents de notre ami, et leur fit entendre avec clarté son dessein de retirer à leur fils un asile compromettant. Elle en était aux regrets, mais « qu'on se mît à sa place », etc., etc.; bref, tous les lieux communs qui ressortent de l'égoïsme et de la plus sotte lâcheté.

Le père de Jean-François, sans la laisser achever, courut prévenir son fils.

XIV

Or bon nombre des amis de Jean-François étant déjà sous les verrous, un prompt départ pour l'étranger fut jugé indispensable. On hésita entre l'Espagne et la Belgique; on se décida pour la Belgique. Mais on était arrêté par le manque de passe-port. Divers moyens pour s'en procurer furent tentés en pure perte. Ces sortes d'occasions sont bonnes pour accuser le caractère et l'affection des gens, pour éprouver le degré de leur force morale.

Le temps pressait. Enfin quelques jeunes gens, voituriers qui, en raison de leurs opinions trop manifestées, avaient des craintes assez bien fondées pour leur propre sûreté, et qui éprouvaient le besoin de se faire oublier pendant quelques jours, voulurent profiter de la circonstance pour conduire à Libourne une forte charge de merrain. Comme ils étaient chauds amis de Jean-François, on s'ouvrit à eux, et il fut arrêté que Jean-François, endossant une blouse de roulier, sortirait du département en leur compagnie, la plaque de la charrette constituant un excellent passe-port. Mais comme on devait se séparer à ***, Jean-François tâcherait de gagner Limoges, muni d'une lettre pour un négociant de cette ville appartenant à l'opinion avancée, à qui on feignait de recommander Jean sous un faux nom, pour un prétendu emploi dans sa maison, après l'avoir au préalable averti par une lettre jetée à la poste, qu'il s'agissait de procurer à un fugitif, dont on lui disait le vrai nom, le passe-port d'un de ses commis. La lettre de fausse recommandation était destinée, et l'on verra qu'elle ne fut pas inutile, à suppléer tant bien que mal au passe-port absent. Si par ces moyens, pensait-on, Jean-François parvenait jusqu'à Limoges, il serait hors d'affaire, car là, le négociant en question ne manquerait sans doute pas de lui tenir prêt le passe-port voulu, et une fois à Paris, il trouverait aisément une issue à l'étranger.

Tout étant ainsi convenu, les préparatifs furent faits avec rapidité. Le père et la mère de Jean-François déployèrent dans cette occasion une activité énergique, qui avait sa source profonde dans leur tendresse et leur sollicitude en éveil.

Jean-François avait, pour le soir de son départ, fixé à Rosalie un suprême rendez-vous.

Bien que la pauvre enfant fût d'assez loin préparée à la chose, comme elle avait toujours nourri le secret espoir qu'on n'en viendrait pas là, elle se trouva surprise et anéantie dès qu'elle se vit en face de la noire réalité, comme un condamné arrivé au pied de la guillotine. Il lui fallait comprendre, encore qu'elle s'y refusât de toutes ses forces, il lui fallait comprendre qu'elle ne verrait plus Jean-François, que les rendez-vous étaient finis, et qu'elle allait se trouver seule, vivre seule. Ne plus voir son m'ami, cela lui semblait bien absurde. Enfin empoignée par l'évidence du fait, elle en fut terrassée; elle eut alors une minute d'égarement. Cependant les paroles cordiales de son amant la remirent un peu, et tous les deux s'encourageant par les étranges raisons que l'espérance fait éclore dans l'impossible, y puisèrent du ciel une fermeté dont ils se seraient quelques jours plus tôt crus incapables. Sous la tendre pression de Rosalie, Jean finit par lui promettre, ou à peu près, de l'appeler auprès de lui, au cas de quelque emploi lucratif découvert à Bruxelles. Tout donne à croire néanmoins qu'il n'en eût rien fait, bien que son cœur saignât de la séparation, et qu'il s'en serait rapporté au temps comme à la distance pour la dissipation de ce sentiment, si fort sujet à traverses; mais d'ailleurs Jean-François ne croyait pas à la durée de son exil. Aussi bien maintes pensées toniques, conjointement à cette surexcitation qui accompagne toute résolution décisive, le sauvèrent-elles un peu de la profonde tristesse du dernier moment.

Les deux amants, — et pourquoi ne pas dire les deux époux, car ne s'aimaient-ils pas d'un amour aussi pur que la plus pure des tendresses légitimes ? — se jetèrent dans les bras l'un de l'autre et s'y maintinrent un instant, Rosalie pleurant à chaudes larmes, Jean-François bien près d'en faire autant. S'arrachant enfin des bras de son amie, il la laissa sur la route, changée en statue, et s'enfuit vers la maison paternelle, où l'attendaient ses compagnons de route et quelques amis qui voulaient le suivre un bout de chemin. Jean-François partait avec un simple sac de nuit ; on lui enverrait plus tard sa malle à l'adresse de parents chez qui il devait débarquer tout droit.

Les voitures chargées de merrain, conduites par un des voituriers, avaient une avance de trois heures ; elles devaient attendre au bourg de ***.

Le vieux père se comporta bien, il donna à son fils une accolade virile. Peut-être la satisfaction de le savoir hors du danger le plus immédiat, et en voie de s'arracher aux misères de la déportation, dissipa-t-elle, en partie, le chagrin d'un éloignement dont il soupçonnait la longue durée. Par les mêmes motifs probables, la mère aussi fit-elle meilleure contenance qu'on n'eût espéré. Mais, en embrassant ce cher sacripant de fils, elle tira du fond de sa désolation un de ces mots sérieux où, tout déchiré, palpite le cœur des mères : « Mon fils, lui cria-t-elle avec un accent qui expira dans un sanglot, mon fils !... les douleurs de l'enfantement durent toute la vie ! »

On gagna la route à travers champs. Elle n'était pas, à beaucoup près, aussi déserte qu'on l'eût souhaité. La circonstance d'une foire qui avait eu lieu, ce jour-là, à un bourg des environs, la peuplait de quelques retardataires qui retournaient à la ville ; la rencontre de ces gens-là, par un clair de lune suffisant, pouvait n'être pas sans danger. Toutefois on en fut quitte pour la peur. Et l'on atteignit sans *aventures* la petite ville de ***, située en deçà d'une large rivière que traverse un pont de fer. Il parut prudent de renoncer au pont. On passa l'eau en barque sur un autre point. Enfin, par des chemins de traverse, on regagna la route, et sur les deux heures du matin on toucha au bourg de *** où stationnaient les voitures de merrain.

Le maître de l'auberge où l'on s'arrêta, habitué aux visites nocturnes des rouliers, s'empressa auprès des arrivants ; les servantes s'arrachèrent du lit. Des brassées de sarment petillèrent dans l'âtre et, peu après, une fricassée de poulets fumait sur la table où douze convives s'empressèrent de prendre place. Ceci fut la dernière communion de Jean-François avec la démocratie locale. Ce repas pris, on se sépara avec maints souhaits de bon voyage et de prompt retour. Les amis s'en revinrent à la ville. Et Jean-François prit place au coin du feu où les voituriers le laissèrent pour hâter les apprêts du départ.

Il venait d'accomplir sa première étape sur la route de l'exil. Les spirales filées par sa pipe lui dessinèrent les fugaces visions de ses jeunes années. Les poésies du foyer paternel lui apparurent, un instant, dans tout leur frais et suave éclat, puis s'envolèrent, laissant la place aux incertaines et grises silhouettes d'un avenir pressenti.

Les mornes apparences de son père et de sa mère tristement assis vis-à-vis l'un de l'autre, au feu ou à table, s'arrêtèrent au premier plan de ses visions. Les pauvres vieux jetaient un regard plein de soupirs vers la place désertée par le fils et se recueillaient avec les pensers moroses d'une vieillesse solitaire assombrie du souci de la séparation, désolée par la réminiscence de ce fils qu'ils ne reverraient plus.

Mais les traînées de fantômes successivement issus de son imagination se groupaient, effacés comme de timides suivantes, auprès de la vive image de la Rosalie, les cheveux défaits, le visage en pleurs, les joues pâlies, à tout jamais dépossédée de son allégresse rayonnante. La souffrance de Jean fut dure. Mais, peu à peu, ses idées se ternirent; sa réflexion s'effaça, ses yeux se fermèrent; sa peine s'assoupit insensiblement dans un sommeil invincible procuré par la fatigue de la longue course.

L'un des voituriers, brave et bon garçon qui s'était pris d'une franche sympathie pour Jean-François, fumait dans un coin, respectant ce sommeil dont il appréciait le bienfait.

XV

Un bruit de porte ouverte et fermée, de voix soudaines et de pas sonores, chassa brusquement le sommeil de Jean-François.

Il se retourna : le fond de la pièce offrit à ses regards ébahis le spectacle attachant, mais aussi désagréable qu'inespéré, d'un majestueux brigadier flanqué de quatre acolytes d'une tenue irréprochable, dont le feu flambant vif dans l'âtre illuminait les buffleteries et dont les sabres heurtaient, en tressaillant, le plancher ; les tricornes se perdaient dans les hauteurs des jambons pendus à la travée.

L'apparition marcha droit à Jean, resserrant, au fur et à mesure de son approche, un demi-cercle dont il devint le centre piteux.

Jean-François se vit perdu. Il fit, en un clin d'œil, le sacrifice de sa liberté et ramassa stoïquement toute sa résignation dont il se composa un beau sang-froid. Mettez que notre ami ne s'était pas encore transformé en roulier ; pour éviter les remarques de l'aubergiste, on avait remis, au départ des voitures qu'on appareillait, l'endos de la blouse préservatrice. Il était couvert d'un burnous en gros drap bleu foncé ; portait sa barbe brune, courte et taillée en pointe, sur un col rabattu, et avait sur la tête un chapeau gris à larges bords ; cette barbe, ce chapeau, beaucoup trop explicite, inquiétaient fort leur porteur. En ce moment-là, notre ami eût payé gros un menton glabre, un col de chemise en rapport suivi avec les oreilles, un habit bleu-barbeau et un ventre cossu battu de breloques.

« Vos papiers, s'il vous plait ? — Je n'en ai pas, monsieur, répondit modestement le tranquille Jean-François. — Ah ! fit le brigadier d'un ton auquel notre ami consentit à trouver du mordant. — Oui, l'on m'a assuré, repartit Jean-François de sa voix la plus flûtée, que je pouvais, sans inconvénient, me dispenser de passe-port jusqu'à Limoges. — J'ai l'avantage de vous certifier qu'on vous a donné là un fichu conseil ! — Ah ! bah ! reprit Jean avec un air dans lequel il tenta d'infuser toute la candeur du jeune âge. — Mais oui, fit le brigadier du ton le plus froid. — Vous croyez donc, monsieur le brigadier, qu'il me sera difficile d'arriver jusqu'à Limoges ? — C'est-à-dire que j'en suis convaincu, dit l'autre, en homme qui puise sa conviction dans quelque dessein très-arrêté. — Eh ! mais, alors dites, Armand, au fait, ces messieurs doivent être parfaitement au courant, peut-être alors serait-il prudent à moi de rebrousser et de m'aller mettre en règle ? Qu'en pensez-vous, Armand ? »

Le jeune homme, ainsi interpellé, répondit par une bouffée de fumée lâchée avec lenteur dans la direction du plafond.

Les gendarmes se faisaient, du coin de l'œil, des signes dont Jean-François fit, sur-le-champ, une traduction fort lugubre.

« Messieurs, » dit-il à ces austères représentants de la force, en homme dont, en aucun cas, la liberté d'aller et de venir ne saurait être mise en question, mais qui sent le prix et le besoin d'un bon conseil ; « messieurs, vous me direz, quand vous aurez lu cette pièce, » et il exhiba la lettre où, sous le nom de Louis Duval, il était recommandé au négociant de Limoges, « vous voudrez bien me dire si, avec cette pièce, je ne puis pas courir la chance de poursuivre ma route...

A vous parler franchement, il m'en coûterait de revenir sur mes pas ; ce me serait une perte de temps fort préjudiciable, et aussi, — je ne suis pas (il n'y a pas de honte à l'avouer), je ne suis pas riche, — une perte d'argent, car, par l'occasion de ces messieurs, mon voyage est gratuit ; voici. » Le brigadier et ses hommes se cotisèrent pour venir à bout de la lettre, heureusement assez lisible ; enfin, ils parvinrent à accomplir collectivement ce tour de force, et la lecture parut produire sur eux une impression favorable à Jean-François.

« Vous êtes donc de *** ? dit un gendarme.—Oui, monsieur. — Et vous vous nommez ? — Louis Duval, » affirma Jean-François avec aplomb, mais non sans craindre que le brave homme, qui avait revêtu un aspect rêveur, ne fût tenté de se donner une certitude plus positive à cet égard.

Pendant quelques secondes d'une longueur atroce, le brigadier songea. . . . .
. . . .
La moue de ses lèvres serrées trahissait l'intensité d'une méditation épiée par Jean-François, calme et souriant dans ses dehors, avec l'anxiété d'un joueur qui attend d'un coup de cartes l'opulence ou la ruine....

« Allons, c'est bon... » dit enfin le brigadier en se dirigeant vers la porte, quoique à pas regrettés... Puis se ravisant : « Voyons, dit-il, les autres pièces de l'auberge. » Il n'y trouva personne. « Acceptez-vous un verre de vin blanc, brigadier? » dit Armand. — « Merci, nous sommes pressés; broum! » — Et ils partirent.

Il est bon de dire, pour expliquer la facilité du brigadier, qu'il était à la recherche d'individus à lui signalés par l'autorité locale, et en fuite depuis quelques jours, et que la préoccupation de cette capture, absorbant ses facultés, l'empêcha d'accorder à Jean-François toute l'attention dont il l'eût gratifié en toute autre occasion. On peut, au surplus, lui attribuer un bout de regret, lorsque cet épisode de la fuite de Jean-François s'étant ébruité, il lui fut acquis que le rédacteur en chef de l'*Éclaireur* lui avait glissé des mains.

A peine eurent-ils mis le pied dehors, que Armand ouvrit la bouche pour livrer un large passage à l'hilarité la plus sincère qui ait jamais épanoui un visage ou vibré dans un gosier; mais Jean-François, devenu la prudence même, l'arrêta net par un doigt posé sur les lèvres, et il continua de rester grave sur sa chaise. Ce ne fut qu'au bout d'un quart d'heure qu'il se donna, à huis clos, le plaisir d'une gaieté violente, mais taciturne (comme celle de Bas-de-Cuir), à laquelle il ne permit une allure moins discrète que lorsque, en pleine route, la blouse au dos, le fouet en main, il suivit au pas les lourdes charrettes qui le cautionnaient.

On peut faire grâce au lecteur des réflexions de notre ami, tout le temps de ce trajet. A la nuit du jour suivant, on entra dans...

Jean-François reprit ses habits, se procura un cabriolet de louage et partit à l'instant même pour Limoges, où il arriva la nuit d'après.

Le négociant dont on a parlé l'attendait en effet; mais, à la grande tristesse de Jean, il ne put lui procurer le passe-port nécessaire. Il n'avait, disait-il, que des commis imberbes et blonds dont le signalement ne pouvait convenir. De plus, il s'avoua fort compromis lui-même, et sa maison peu sûre pour Jean-François, auquel il remit à tout hasard un cahier d'échantillons, destiné, autant que possible, à lui servir de passe en qualité de commis voyageur pour la maison R*** et Cie. Il blâma son costume, auquel il trouva beaucoup trop de cachet; lui conseilla un coup de rasoir; lui fit voir, dans les *Débats,* son nom parmi les diverses listes de prévenus publiées par ce journal, et l'engagea enfin à prendre, à tous risques, une place dans la diligence qui partait pour Paris dans une heure. Il ne restait en effet qu'à tenter fortune; Jean-François arrêta une place de coupé, et, sur les onze heures du soir, il roulait vers Paris.

Sa confiance ou le hasard le servit bien; il arriva sans trouble, sinon sans crainte, jusqu'à Châteauroux, où l'on devait séjourner trois heures pour attendre le départ du chemin de fer.

Jean-François, toujours fort anxieux à chaque relais, car il redoutait de voir surgir de par là quelque tricorne fâcheux, et son imagination, obsédée par une idée fixe, transformait en gendarmes toutes les apparitions équestres qui venaient à se dessiner en noir à l'extrémité de la route; Jean-François trouva bon d'éviter la table d'hôte et de se soustraire ainsi à la visite possible des gendarmes, qu'attire d'ordinaire l'arrivée d'une diligence; il prit un air souffreteux, se fit indiquer les bains publics, y passa deux heures, rentra ensuite à l'hôtel de la voiture et s'y fit servir à souper.

Bref, vers les quatre heures du matin, il se trouvait à Paris sur les boulevards alors fort animés, car on était en plein carnaval, et les vitres des cafés et restaurants encombrés de soupeurs resplendissaient au mieux; ce qui ne manqua pas d'amener un soupir de notre ami, en réveillant en lui quelque souvenir riant.

Enfin il respirait, il était sauvé! Ne voulant pas se présenter à une heure aussi indue chez ses parents, il dépensa son temps en flânerie jusqu'à sept heures.

Ces parents, qu'il avait beaucoup fréquentés lors de son séjour à Paris, et qui étaient en réalité les meilleures gens du monde, le reçurent à bras ouverts, et s'occupèrent de faciliter son passage à l'étranger. Un de ses amis prit à son intention un passe-port pour Bruxelles, qu'il lui remit; mais le signalement de cet ami était, par malheur, si peu conforme avec son extérieur à lui, et, au dire des journaux, l'examen subi par le voyageur à la frontière belge était si minutieux, que Jean-François trouva prudent de rester encore à Paris une quinzaine de jours pour donner à cette sévérité le temps de se relâcher. Durant ce laps, il revit d'anciens amis qui le réconfortèrent de leur mieux. Voici la lettre qu'il adressa à Rosalie, et dans laquelle il affaiblit à dessein l'expression de ses sentiments, par ménagement pour ceux de sa maîtresse :

« Ma chère enfant,

» Tu ne m'en voudras pas du silence que j'ai gardé
» jusqu'à ce jour ; ma sûreté l'exigeait. Étant à présent
» hors de toute crainte, je veux t'adresser quelques
» paroles de consolation.

» Le malheur qui me frappe ne sera pas, je l'espère,
» de longue durée, et, sois-en sûre, ma chère enfant,
» nous nous reverrons bientôt de manière ou d'autre.
» Tu sais mon affection pour toi, et que ma parole ne
» t'a jamais trompée ; ainsi chasse tes pensées tristes
» et cherche dans le travail un remède à ton chagrin ;
» le mien serait diminué de beaucoup si je te savais un
» peu tranquille.

» En tout cas, ma pauvre petite, je te conjure de
» rester sage : la misère vaut mieux que la honte. Et
» songe au peu de jours que tu as à patienter. Si les
» choses ne s'arrangent pas selon mon espoir, je te
» ferai venir ; au surplus, sache que, de près ou de loin,
» mon regard te suit. Tu sais combien je t'aimais, ma
» bonne petite Laly ; cette affection s'est fortifiée de
» mon éloignement, et je voudrais, pour tout au monde,
» t'avoir en ce moment auprès de moi. Je t'écrirai de
» nouveau dans quelques jours, et te ferai savoir par
» quelle voie tu peux m'adresser tes réponses.

» Aime-moi toujours et songe parfois aux jours pas-

» sés ensemble ; c'était le bon temps. Il reviendra, es-
» pérons-le.

» Adieu, ma chère enfant ; adieu, mon cœur.
» Jean. »

Enfin, ayant reçu d'un réfugié en Belgique des détails qui le rassurèrent tout-à-fait, Jean-François se décida à partir, et arriva en effet sans difficulté à Bruxelles, le 30 janvier au matin.

XVI

C'était la première fois qu'il mettait le pied hors de France. La cause qui l'y poussait n'était pas de nature à modifier les impressions moroses dont certaines natures se défendent mal au delà des frontières ; aussi éprouva-t-il dès son arrivée un malaise que compensa pourtant l'idée de se trouver bientôt en cette bonne compagnie d'amis proscrits comme lui, ou d'illustres personnes dont, à cette époque, Bruxelles devint le centre passager. Dès son arrivée, Jean écrivit à Rosalie le billet suivant, qui avait le tort grave de fortifier un dessein qui se fût passé d'encouragement :

« Bruxelles, 30 janvier 1852.

» Ma bonne petite Rosalie,

» Je suis parti hier au soir à huit heures de Paris,

» et je suis arrivé ce matin à six heures. Ma santé est
» excellente, mais je souffre cruellement de ne pas t'a-
» voir ici ; aussi tenterai-je tout mon possible pour te
» faire venir. Patiente en attendant. Il me tarde beau-
» coup de recevoir une lettre de toi. Écris-moi tout de
» suite, et adresse ta lettre ainsi :

» Monsieur Édouard Lamarque,

» A BRUXELLES,

» *Poste restante.*

» C'est le nom de l'ami dont j'ai pris le passe-port.
» Adieu, mon cœur ; je t'embasse et t'aime.

» Jean. »

Après quoi, désireux de s'*empayser* au plus tôt, il courut au *café des Mille-Colonnes,* où il savait que se réunissaient d'habitude les sommités du parti. Un représentant de son département, qu'il connaissait tout particulièrement, le présenta aux illustres compatriotes qui venaient dans ce centre, fréquenté d'ailleurs par la bonne compagnie bruxelloise, échanger leurs poignées de mains et leurs espérances.

Jean-François y reçut de tous l'accueil le plus cordial, et l'on comprend aisément combien les espérances particulières s'avivèrent, hélas! dans cette communauté d'opinions unissonnantes et d'aspirations sympathiques. Il y rencontra, le jour même, le premier rédacteur de l'*Éclair* qui avait réussi à quitter la France par des moyens analogues aux siens. Après avoir déclaré son vrai nom, Jean-François prit un *quartier* rue de Treurenberg, près l'église Sainte-Gudule, et se remit à vivre de la vie qui lui était habituelle. Sa correspondance avec les amis laissés en France l'occupait jusqu'à l'heure de son déjeuner, qu'il allait prendre au café susdit. Il passait là deux bonnes heures sous le charme d'une causerie rehaussée de ce prestige qui résulte de la qualité des interlocuteurs, mais de nature à développer ou entretenir — est-ce un mal ? — ces illusions durables, lot habituel et consolation des proscrits de tous les partis et de tous les temps ; si aimables, au fait, ces illusions, qu'il y aurait cruauté à les dissiper si les intérêts de ceux qui s'y livrent n'en devaient pâtir.

Le père de Jean-François, homme positif s'il en fut, n'eut pas de ces ménagements, comme on en peut juger par ces fragments d'une lettre adressée à son fils peu de jours après l'arrivée à Bruxelles.

« Ayant eu connaissance des deux dernières lettres
» adressées à tes amis, je me décide à t'écrire à ce
» sujet pour te dire la vive peine que m'a causé le
» langage que tu y tiens, lequel ne peut que me don-
» ner les plus vives craintes pour le présent et pour
» l'avenir. Je ne sais si tu es fatigué du « pain de
» l'exil », mais des faits pareils à ceux que tu médites
» pourraient bien te faire goûter celui de la déporta-

» tion. Prends garde à toi ; je me suis rarement trompé
» dans mes prévisions.

» Et, crois-le bien, toute la vraie France n'est pas
» en exil ; il reste ici d'aussi bonnes têtes que celles qui
» sont en Belgique, et qui ont d'autres idées et qui
» voient les choses à travers un prisme qui n'est pas
» celui de Bruxelles. Ici et partout on est loin de con-
» sidérer l'état actuel des choses comme un ouragan
» passager.

» Il paraît que ton ardeur a été mise en fermentation
» au contact de tous les amours-propres froissés que
» tu as rencontrés, etc. »

Rude langage ! effectif comme un bistouri, mais si brusquement manié qu'il ne laissait d'autre impression que celle d'une blessure, d'autre résultat qu'une irritation plus vive ; allant ainsi droit à la chair sans souci de la dolence. Le caractère de Jean-François exigeait d'autres précautions. Il se sentait, lui vaincu, mettre un pied paternel sur le cou, et pour bonne que fût l'intention ; ce lui était une douleur cruelle de voir vilipender son parti pour cause de défaite. Il ne consentait pas à mettre son opinion sous le joug du fait accompli. Quelques pères semblent ne pas comprendre que les enfants grandissent et tout en parlant au fils ils ne savent pas respecter l'homme. Jamais Jean-François ne regretta plus amèrement qu'alors la dissidence des idées paternelles et des siennes.

La lettre se terminait par les détails suivants :

« Je te dirai que trois jours après ton départ nous
» eûmes la visite des messieurs de la Sainte-Hermandad,
» qui, malgré toute la politesse de leurs procédés,
» s'acquittèrent très-minutieusement de leur devoir;
» rien n'échappa à leurs recherches, absolument rien.
» Tu n'aurais pu te soustraire à leurs poursuites, car la
» maison fut cernée à notre insu; ainsi l'échappatoire
» de la terrasse devenait impossible et tu habiterais
» présentement un lieu moins agréable sans doute que
» Bruxelles. »

Quelques jours après, Jean-François reçut de Rosalie la lettre suivante, que nous transcrivons dans toute sa naïveté :

« Mon ami,

» Je fais réponse à ta lettre. Sans être malade, je
» ne suis pas très-bien, car je ne suis pas auprès de
» toi. Tu sais combien je t'aime; depuis ton départ je
» ne suis de rien sur la terre. Je ne vis pas une minute
» sans penser à toi. Et aussi la nuit j'y songe. Le cœur
» ne se voit pas, mais il se sent. Oh! mon ami, il me
» tarde bien de t'embrasser. Je suis perdue sans toi.
» Je te dirai que j'étais sur le point de partir pour
» venir te joindre, car je ne puis pas me consoler. Je
» ne puis plus rester ici; ainsi, mon ange, je te prie
» de me laisser venir; j'ai tout ce qu'il me faut. Je te
» le demande les larmes aux yeux, comme un peu de
» pain. Tu seras bien plus heureux avec moi. Je vien-
» drai, car Dieu ne m'abandonnera pas. Si tu ne

» m'écris, je finirai par perdre la tête ; je te prie de
» ne pas m'oublier ; mais je ne sais pas dire tout ce
» que je sens. Tu me diras comment tu as fait le che-
» min. Je donnerais mon sang pour toi. Souviens-toi
» des raisins et des pommes, et de la petite fontaine.
» Mon ami, Je ne te conseille pas de revenir encore ;
» on attrape beaucoup de monde, et on voudrait bien
» te prendre. Dieu me garde de ce malheur. Fais ce
» que je te dis ; ne me retarde pas d'un jour. Je finis
» cette pauvre lettre en t'embrassant de tout mon cœur
» comme tu sais.   Laly. »

Jean-François, que cette lettre soumit à de cruelles épreuves, prit sur lui, non sans un rude effort, de dissuader Rosalie de son projet et de l'engager à patienter. Mais sa lettre se croisa avec celle-ci ;

   « Mon ami,

» Tu me retardes beaucoup. Pourtant tu peux songer
» à ma tristesse : moi qui ne pouvais passer un jour
» sans te voir, comment veux-tu que je sois si long-
» temps ? Je suis bien persécutée, mais je ne te trahirai
» pas, quand bien même je verrais la mort. Je suis
» ferme pour toi. Dieu m'a donné un cœur pour
» n'aimer que toi. Mon ami, je te prie d'avoir pitié
» d'une fille qui se donne à toi comme une enfant qui
» a perdu sa mère et qui se jette aux bras de son père
» pour être consolée. Je te supplie de faire comme
» je te dis ; je connaîtrai par là si ton cœur a changé.
                                         » Laly. »

Quelques jours après, il en reçut une autre, datée cette fois du chef-lieu où Rosalie était retournée.

« ***, 4 février.

» Mon cher ami,

» Je pars pour Paris mercredi ; je te prie de venir
» me joindre où s'arrête le chemin de fer, vu que je
» serais embarrassée toute seule, et ne connaissant
» personne en ce pays étranger.

« Adieu, au revoir, à bientôt ; je t'embrasse.

» Laly. »

Cette lettre livra Jean-François à toute sorte de perplexités. La joie qu'il ressentait de l'arrivée possible de sa maîtresse était trop troublée par toute sorte de préoccupations fâcheuses, de sollicitudes et de soucis. Il ne pouvait croire d'ailleurs à la réussite de ce voyage entrepris sans argent, et s'inquiétait des tribulations probables de la pauvre enfant ; néanmoins il se rendit, le jour prévu, au débarcadère du chemin de fer du midi : point de Rosalie, ni les jours suivants.

Enfin le surlendemain, il reçut ce nouveau billet :

« Mon ami,

» Je devais partir, mais on me conseille d'attendre
» ta réponse. Donne-moi aussi l'adresse d'un de tes
» amis à Paris, et écris à ceux de ***, pour les prier
» de répondre de moi à la voiture.

» Je suis, en attendant, chez Antoinette Lavaur, une
» brave femme, tu sais.

» J'attends ta réponse et je compte sur toi ; je suis
» méconnaissable de la souffrance que je fais. Ton amie.

» Laly. »

Il y répondit sur-le-champ par la lettre suivante :

« Bruxelles, 10 février.

» Ma pauvre enfant,

» Ta lettre, partie de *** le 7, m'est arrivée ce ma-
» tin le 10 ; je commençais à m'inquiéter vivement,
» ce qui ne serait pas arrivé si tu m'avais prévenu que
» tu changeais d'avis ; cela m'eût évité de me lever
» trois jours de suite à cinq heures du matin, pour
» t'aller attendre au chemin de fer par une pluie bat-
» tante. — Mais laissons cela.

» Tu sais, du reste, combien je désirerais t'avoir
» auprès de moi ; mais comment faire ? Il m'est abso-
» lument impossible de t'envoyer de l'argent ; je n'en
» ai pas et n'en veux demander à personne.

» Tu m'écrivais que je n'avais à me mêler de rien,
» et j'avoue que cela m'étonnait beaucoup ; mais tu vois
» bien qu'il n'en est pas ainsi, à mon grand regret.
» Ah ! tu étais bien imprudente de partir ainsi sans me
» consulter, sans même savoir mon adresse ; je de-
» meure depuis peu rue de Treurenberg, 3, près l'église
» Sainte-Gudule.

» Si tu partais de *** le soir du 14, tu arriverais
» le 18 à *Limoges* sur les onze heures du soir ; le len-
» demain matin à la *Ville-au-Brun;* le soir même au
» chemin de fer de Châteauroux, et tu serais à Paris
» le 19 à quatre heures du matin. Tu ferais porter tes
» effets à un hôtel modeste, et tu pourrais le soir
» même prendre à huit heures le chemin de fer de
» Bruxelles ; mais il vaudrait mieux attendre au lende-
» main pour te reposer et voir un peu la ville. Le
» voyage jusqu'à Paris coûterait une cinquantaine de
» francs, et de Paris à Bruxelles vingt-six francs et
» demi, plus deux ou trois francs pour le port de la
» malle ; en tout quatre-vingts francs, mettons cent
» francs ; c'est peu, mais je ne les ai pas.

» Tu m'écris que le chagrin t'a changée... Veux-tu
» bien prendre du courage, petite fille ! Suis-je donc
» perdu ? Réponds tout de suite pour me dire le parti
» que tu prendras. J'attendrai ta lettre avec impatience.
» Si tu pars et que tu sois embarrassée à Paris, va
» trouver mon ami Édouard Lamarque, rue de Tour-
» non, 7 ; il pourra t'être utile.

» Adieu, ma pauvre enfant, et que Dieu te garde.
» Je t'embrasse de tout cœur.

» JEAN. »

« Je prends mes repas avec bon nombre de repré-
» sentants et de journalistes ; j'ai dîné hier avec V. H.,
» M. de B., A. D., A. E., H., L., A., etc.

» Mes amitiés à cette brave Antoinette. »

A peu de temps de là, il reçut le billet qui suit de la personne à qui il était redevable de son passe-port :

« Paris, 18 février 1852.

» Mon cher ami,

« Hier matin, votre maîtresse est arrivée à Paris ;
» elle comptait que je pourrais l'aider à continuer son
» voyage ; je n'avais malheureusement pas les fonds
» nécessaires.

» Depuis deux mois je vis comme un piètre sire.
» Hier il me restait 4 francs 95 et je les ai donnés
» à votre maîtresse, et me suis mis en quête pour
» trouver mieux, mais je n'ai pas eu la chance de ren-
» contrer un ami qui voulût m'obliger ; pas plus hier
» que dans toute autre occasion.

» Je n'avais plus rien d'ailleurs à mettre *au plan ;*
» tous les objets de quelque valeur que je possède y
» sont depuis longtemps ; bagues, narguileh, montre,
» chaînes, etc. Cependant j'avais pitié de votre pauvre
» petite, qui se désolait et voulait absolument vous rejoin-
» dre au plus vite. En attendant je priai madame Ber-
» nier de vouloir bien la recevoir chez elle, ce qu'elle
» fit de bon cœur.

» Ce matin votre maîtresse a pris la résolution de
» partir quand même. Un de nos amis lui a fourni
» une malle qui restera au bureau du chemin de fer à
» Bruxelles, jusqu'à ce qu'elle ait payé son voyage. Je

» pense que vous la verrez arriver presque en même
» temps que cette lettre.

» Tout à vous.
» ÉDOUARD LAMARQUE. »

XVII

Le lendemain, comme Jean-François, au sortir du café, après sa lecture habituelle des journaux, rentrait chez lui, il tressaillit ; là, sur le seuil de la porte, Rosalie était assise auprès du feu presque éteint, grelottant dans sa robe d'indienne, après une nuit d'hiver passée au plein air des waggons, sans autre défense qu'un châle fort mince. Jean-François la serra dans ses bras !

O ma pauvre enfant, te voilà donc ! et froide comme un marbre ; tes joues sont glacées. « Il sonna ; fit faire du feu, mettre deux couverts, et au bout d'un quart d'heure on leur servit un dîner passable. Quand Rosalie fut réchauffée par un bon feu vif de charbon de terre et ranimée par un généreux potage et par quelques gorgées d'excellent faro, elle raconta en détail les circonstances de son voyage :

« Quand j'ai su ton arrivée ici, lui dit-elle, je n'ai eu qu'une pensée : te rejoindre ; je m'y suis efforcée de tout cœur ; mais pas d'argent ! Enfin, ne pouvant souffrir davantage, j'ai pris résolûment, sans un sou en poche, la voiture qui va à *** (le chef-lieu), et à l'arrivée, n'ayant pu payer ma place, j'ai laissé ma malle en gage, ne sachant où aller coucher. Enfin, j'ai trouvé un asile bien triste chez de pauvres femmes que j'avais obligées dans mon bon temps; elles ont, à leur tour, partagé avec moi leur logis et leur pain. Il me restait quelque peu de l'argent que tu m'avais laissé. Au bout de peu de jours j'ai été mandée au commissariat, où l'on a essayé de m'arracher adroitement le secret de ta retraite, car il paraît qu'on tenait beaucoup à le savoir; j'ai répondu que je te croyais à Paris, où je voudrais bien te joindre, ce que je ne pouvais, faute de moyens. » — « Qu'à cela ne tienne, » m'a dit le commissaire, « j'ai dû faire mon devoir en dirigeant des poursuites contre la personne à qui vous vous intéressez, mais je ne lui veux aucun mal, encore moins à vous. Si, pour vous le prouver, il ne faut que vous procurer une demi-place, je m'y engage de tout cœur. » Et il me remit un papier qu'il venait de signer.

» Comme je sortais du commissariat, je fus jointe à deux pas de là par un employé qui, à ce qu'il paraît, était secrètement des vôtres : « Prenez garde à ce que vous ferez, me dit-il, le commissaire à voulu vous tirer les vers du nez; s'il vous tarde d'arriver à Paris, il lui tarde encore plus de vous y voir; il doit expédier des avis en conséquence; dès votre arrivée là-bas vous aurez un agent à vos trousses; si vous faites bien, vous descendrez de voiture une demi-heure avant d'entrer à Paris. » Je le remerciai de son bon conseil, mais comme je te savais en Belgique cela m'inquiéta peu; toutefois je me gardai d'en rien dire. Il s'agissait de me procurer le reste de l'argent nécessaire au voyage. Mon Dieu! comme tout était changé depuis ton départ! La ville me semblait morte. Les gens avaient un air effaré, sombre, méfiant. Je croyais sortir de sous terre. Ton appartement de l'*Éclair* avait changé d'aspect, hélas! le drapeau n'y était plus. Il me semblait que j'allais te voir apparaître à la croisée où tu te mettais d'ordinaire, seul ou en causerie animée avec quelque ami. Tout était fermé. Je restai dix minutes en bas à épier comme un imbécile. La fenêtre s'ouvrit, j'y vis une figure d'étranger; j'étais prête à pleurer.

» Je rencontrai plusieurs de tes amis; ils me donnèrent un peu d'argent, mais pas assez. J'allai chez des prêtres, chez des religieuses; j'en fus pour ma courte honte. Ah! Jean, quel enfer!... Enfin, j'eus la somme moins quelques francs. O mon ami, j'ai sué sang et eau. J'avais dû laisser ma pauvre malle en payement de la première voiture.

» A Paris, je dis au conducteur, à qui je devais une dixaine de francs, qu'on viendrait me prendre au bureau; — je savais bien que non. — J'attendis quelque temps, par contenance; enfin, je laissai mon paquet en lui disant que j'allais venir le retirer tout à l'heure. Je me fis indiquer la demeure de ton ami Lamarque, chez qui j'arrivai non sans difficulté. Je le vis fort embarrassé ; enfin, en fouillant dans ses tiroirs et dans ses poches, il parvint à réunir près de cinq francs, qu'il me remit, et me procura un commissionnaire pour me ramener au bureau. Je dis franchement mon embarras au conducteur.—« Donnez-moi, » me dit ce brave homme, « ce que vous pourrez ; je tâcherai d'arranger ça. » Je lui remis quarante sous dont il se contenta, et j'emportai mon misérable paquet. Ton ami me conduisit chez une dame de sa connaissance, madame Bernier, qu'il avait déjà prévenue et qui me fit bon accueil. Nous dînâmes. Étant sortie pour essayer de quelques démarches, je ne me souvins plus de l'adresse de cette dame. Lamarque, chez qui je courus, n'était pas chez lui. Je l'attendis en vain trois heures chez son concierge. Enfin, comme je m'en allais sans savoir où, il rentra et me reconduisit chez la dame.

» Le lendemain je me remis en campagne. J'allai au bureau du chemin de fer. J'offris de payer ma place en arrivant ; mais, comme je n'avais pas de malle, on me refusa. Je rentrai toute désolée chez madame Bernier, où je rencontrai un acteur de province qui avait joué dans notre chef-lieu ; il était un peu peintre aussi. Pour me sortir de mon embarras, il m'offrit et fit apporter une malle que nous remplîmes de cendres afin de lui donner du poids. Je mis mes effets par-dessus et je fis mes adieux à Lamarque et à madame Bernier. Je pris un fiacre qui me conduisit à l'embarcadère. Cette fois encore, malgré ma malle, on refusa de me laisser partir sans payer. Il était nuit noire. Je n'avais plus que quelques sous dans ma poche et je ne savais où aller. Un employé du chemin de fer me conduisit à un hôtel qu'il connaissait dans les environs. Mais à peine étais-je couchée que cet individu entra dans ma chambre et me tint de tristes propos. Je lui fis honte. Je le menaçai de crier s'il ne sortait; je le renvoyai tout froissé. Je poussai le verrou, mais je passai la nuit à me désoler. Au matin, j'allai encore au chemin de fer : on me conseilla de t'écrire pour avoir l'argent nécessaire, et l'on confia ma lettre à une personne qui ne s'est pas souciée, il paraît, de te la remettre; on m'adressa aussi, à tout hasard, au commissaire du quartier, qui me répondit avec impatience que ces sortes d'affaires ne le regardaient pas. On me conduisit encore très-loin de là à une autre grande maison — je ne sais laquelle, — d'aspect froid et sombre, à vaste portail. Je n'obtins rien. Enfin, à mon retour au bureau du chemin de fer, un des chefs me donna un billet pour le curé d'une paroisse située assez loin de là. Quelle peine j'eus à trouver sa maison ! — « Première à droite, troisième à gauche, deuxième à droite, » me disait-on. Je m'égarais partout. Enfin, je trouvai. Il était sorti. J'y revins trois fois inutilement. On m'indiqua son église; je m'informai; on me le montra; j'allai droit à lui : — « Mon enfant, » me dit-il, « je ne puis vous entendre ici, venez au presbytère. » Là, je lui dis, les larmes aux yeux, que j'allais joindre mon mari. J'ajoutai tout

ce qui pouvait le toucher. Il m'écouta avec attention :
— « Je ne sais si vous me trompez, » me dit-il quand j'eus fini, « mais Dieu le sait ; je vais faire mon devoir. » Il me donna un billet au vu duquel on m'accorda une demi-place à condition de payer le reste à mon arrivée. »

Plus touché qu'on ne pourrait dire de toutes les tribulations surmontées par la généreuse résolution de cette brave enfant, Jean-François, qui, fort heureusement, avait reçu depuis peu son trimestre, lui remit quelque argent pour aller dégager sa malle qu'on vida et qui fut renvoyée par le prochain convoi à son obligeant propriétaire, et pour quelques achats indispensables à Rosalie, vu la simplicité de son trousseau.

Jean-François occupait un appartement assez convenable composé de deux pièces, une chambre à coucher et un salon tenus avec cette propreté minutieuse qui caractérise les habitudes flamandes.

L'arrivée de Rosalie dont la mise plus que modeste provoqua la moue dédaigneuse de la propriétaire, motiva une augmentation de loyer d'un tiers, en sus du prix habituel.

Moyennant un prix fixe assez modique, Jean-François s'arrangea pour faire porter, d'un restaurant voisin, un dîner qu'il partageait avec Rosalie. Quant au déjeuner, la maîtresse de l'hôtel s'était chargée de le fournir, ainsi que la bougie et le combustible ; mais elle présenta, à la fin du premier mois, une note tellement forcée en chiffres que Jean-François, devenu sérieux, dut aviser à d'autres dispositions; désormais, des œufs à la coque, des pommes cuites ou du fromage, du gros pain et du faro, que Rosalie allait acheter elle-même, composèrent exclusivement ce premier repas.

Cependant Jean-François sentant l'urgence d'ajouter à la maigre subvention qu'il recevait de sa famille, s'était mis en quête d'un emploi. Les renseignements qu'il prit à cet égard furent de nature peu rassurante, et les démarches qu'il tenta lui en confirmèrent l'exactitude. Bruxelles n'offrait aucune espèce de ressources, et l'administration de la ville faisait en outre preuve d'une malveillance tracassière qui ne laissait aux réfugiés besogneux d'autre alternative qu'une oisiveté sans terme probable, ou qu'un refuge ailleurs par un départ immédiat dont les moyens n'étaient pas à la portée de tous.

A défaut de travail rétribué, Jean-François se livra à quelques travaux de plume qui, du moins, le sauvèrent de l'ennui, et, sans les préoccupations de l'avenir, la vie eût été assez douce, malgré la monotonie d'une vie toute d'intérieur; et puis l'espoir était là, un espoir qui soutenait contre la réalité une lutte aveugle et inégale.

XVIII

Un matin Rosalie découvrit qu'elle était mère. Cruel effet d'une position fausse !... les tressauts joyeux que ce fait amène se transformaient en poignants soucis, car les nuages de l'inquiétude vinrent désormais assombrir à toute heure ce pauvre intérieur si mal assis; nid précaire sur tige frêle que le moindre vent pouvait emporter.

Mais, par sa continuité, le chagrin s'émousse comme la joie; on se fait à tout. La vue constante de l'abîme finit par assurer le pas; et, d'ailleurs, bonheur ou peine, la réalité ne reste-t-elle pas toujours au-dessous de l'espoir comme de l'appréhension? L'idée surpasse le fait. « Eh quoi! ce n'est que cela? » s'écrie-t-on dès qu'on est au plein du bien ou du mal-être. Et puis, aussi, quand l'adversité atteint un certain degré de force, on se plaît à lui faire face avec un sourire amer et railleur qui semble un défi. Je dis plus; le malheur a son bon côté, presque son charme; des tribulations un peu âpres procurent, dans leurs courtes haltes, une aise qui surprend; on trouve délicieux ce calme relatif et passager qu'une durée constante ferait trouver plat. La fatigue fait le repos et en assure la douceur. Rosalie et Jean-François prirent leur parti en braves. Et pourtant, que de motifs de trouble riches et variés !

Sujet aux vexations de la police belge, notre ami fut, à plusieurs reprises, menacé d'expulsion, et ne dut un permis de séjour, à chaque instant remis en question, qu'à la chaude intervention d'amis bien placés. Du reste, un hasard le mit dans les bonnes grâces de M. l'administrateur : un jour qu'il se trouvait par ordre dans le cabinet de ce haut fonctionnaire, on introduisit des Arméniens-Persans dont les allures quêteuses avaient offusqué l'autorité, fort ombrageuse en cette matière. Comme ces gens-là savaient le turc que Jean-François parlait couramment, il put aisément servir d'interprète dans l'interrogatoire auquel M. l'administrateur était fort en peine de procéder. Ce fait, dont l'impression fut favorable à Jean-François, lui valut de la part du premier une sorte d'estime qui dériva en bienveillance. Toutefois le nouveau permis de séjour de Jean-François n'était que d'un mois; il travaillait à le rendre définitif, lorsqu'un jour Rosalie, dont la grossesse était fort avancée, fut mandée chez le commissaire du quartier. Elle rentra au bout d'une demi-heure le visage décomposé et les yeux ruisselants de larmes... Le commissaire venait de lui intimer l'ordre de quitter Bruxelles dans le délai d'une semaine.

La pauvre enfant raconta d'une voix brisée de sanglots, et avec une parole sans suite qui témoignait d'un trouble voisin de l'égarement, que l'autorité s'inquiétait des suites de sa grossesse, et craignait que l'enfant ne fût laissé à la charge de la commune.

Jean vola chez le commissaire, qui lui confirma froidement sa décision. Toutes instances furent vaines. Le commissaire objecta que la position d'un réfugié, en général, n'offrait aucune espèce de garanties; que des assurances verbales ne signifiaient rien, que, bien qu'on n'eût que d'excellents rapports sur lui; que sa manière de vivre justifiât d'une certaine aisance, et que son exactitude de bon payeur fût connue, on ne pouvait répondre de l'avenir; que les questions de sentiment n'étaient pas du ressort administratif, et qu'en conséquence il allait adresser à l'autorité supérieure un rapport qui conclurait au renvoi de la personne en question.

Saisi d'une douleur intense, et l'œil rougi au feu de sa rage intime, Jean courut chez des amis qui partagèrent facilement son indignation contre une mesure si vexatoire, mais qui ne purent lui indiquer, vu l'irrégularité de sa situation, aucun moyen efficace de parer le coup porté à ses affections trop mal sauvegardées.

Tous s'accordèrent pour admirer et louer l'amour vif qui avait poussé hors de la famille et de la patrie cette tant courageuse fillette; mais, tout en comprenant combien était respectable un sentiment ainsi glorifié par ses preuves, quelques-uns émirent des doutes fort rationnels sur l'issue ou même la possibilité de démarches qui auraient pour but d'intéresser qui de droit à un fait anormal que, dans son austérité de commande, quelque hypocrisie officielle pouvait taxer gravement d'immoralité. Les uns, voyant dans la rigueur présente un bienfait futur, jugeaient que le plus simple était de laisser aller les choses. D'autres, moins soucieux d'intérêt positif, s'inquiétaient de la douleur de la pauvre Rosalie; ils ne trouvaient pas bon qu'il fallût briser sans égards ce tendre cœur de grisette : « Les filles de cette trempe peuvent faire dédaigner la question d'argent; un bout d'éducation qui manque, se peut, à son âge, acquérir aisément; le dévouement est rare, mon cher, disaient-ils, et, dans certains cas, la reconnaissance pourrait bien n'être pas un bienfait purement gratuit. » Mais s'ils jugeaient que la chose valait qu'on affrontât les convenances, ils craignaient de la part des gens capables de ce service le refus d'une démarche directe.

Jean rentra chez lui fort anxieux. Le repas fut morne. Rosalie et lui s'endormirent dans la tristesse; Rosalie, la tête posée sur le sein de son ami qu'elle étreignait avec force, semblait vouloir conjurer par cette étreinte l'imminence de la séparation.

Au matin, ils passèrent en revue une série de projets absurdes que la simple réflexion faisait rejeter. « Je me cacherai, » disait la pauvre grisette à Jean-François, qui souriait tristement; « mon ami, on ne me séparera pas de toi; si l'on vient me prendre, j'étreins le pied du lit; je ne sortirai pas d'ici vivante; on ne m'en tirera que par morceaux... »

Une larme silencieuse glissa des yeux de Jean-François. « Voyons, mon Jean, » dit-elle tout à coup, « où demeure l'administrateur? » — Et sur la réponse de Jean : « Je cours chez lui, » dit-elle; et avant que Jean-François eût pu lui faire une observation, elle était au bas de l'escalier et se dirigeait d'un pas rapide vers la place du Musée.

L'administrateur, qui au fond était bon homme, l'écouta avec bienveillance et non sans une légère émotion qui colora ses joues : « Mon enfant, allons, répondit-il, ne vous désolez pas; on ne vous séparera pas de votre ami; mais vous savez que lui-même doit sous peu quitter Bruxelles; son permis de séjour expire avant un mois; je puis vous promettre que vous ne partirez pas avant lui. » Cette assurance mit un peu de calme au cœur de Rosalie, qui se souciait peu d'aller au bout du monde, sauf d'y aller avec Jean.

L'affaire en resta là. De plus, Jean-François réussit à renouveler son permis de séjour; quelques mois s'écoulèrent ainsi; enfin un soir, Rosalie, qui, par la faveur de sa robusticité, paraissait très-peu avancée en grossesse, se sentit prise des douleurs intermittentes qui sont les prodromes de l'enfantement. Un réfugié médecin, ami de Jean-François, ayant déclaré l'imminence de la crise, on s'assura d'une sage-femme qui, moyennant une somme payée d'avance, et qui creusa dans le budget de notre ami une large brèche, s'engagea à donner à la jeune femme les soins réclamés par sa position, et à la garder durant les huit jours nécessaires à son rétablissement.

En rentrant chez lui, Jean trouva Rosalie en proie à des douleurs si vives qu'il dut redouter une brusque délivrance. On ne trouva pas de voiture dans les environs; il était nuit. Rosalie voulut, malgré sa douleur, partir à pied. Au bout de dix minutes de marche, qui furent une torture pour tous les deux, Rosalie arriva à temps chez la sage-femme; mais quand celle-ci lui eut déclaré que, d'après la règle stricte de sa maison, elle ne pourrait, durant lesdits huit jours, recevoir les visites de son amant, elle voulut repartir sur-le-champ, malgré son état et ses atroces souffrances. Le chagrin avait un instant dompté la douleur; il fallut que Jean la suppliât de se résigner. — Un quart d'heure après, elle accouchait heureusement d'un garçon mort, venu avant terme.

Le lendemain matin, Jean-François étant encore au lit, et sa pensée feuilletant des images moroses, entendit des pas dans le salon qui précédait sa chambre : c'était Rosalie en personne, fraîche comme un bouquet de roses, sans nulle trace de fatigue, accompagnée de la sage-femme, qui, nonobstant ses représentations sur l'imprudence qu'elle commettait, n'avait pu la retenir.

Cette bonne Rosalie, dont la largesse cordiale s'ouvrait à toutes les affections, mit quelques larmes dans des regrets que Jean-François, disons-le, ne partagea pas sincèrement. Les inquiétudes suscitées par l'imprudence de Rosalie ne se justifièrent pas d'ailleurs. Cette vaillante fillette reprit, comme si de rien n'était, le cours de ses occupations, et les choses allèrent comme devant, sauf une teinte de mélancolie vague qui, de temps à autre, attendrissait le regard de Rosalie, et avivait dans son sein un soupir issu de sa passagère maternité.

XIX

Une des tribulations de Rosalie était de ne pouvoir sortir au bras de son ami : ce plaisir, qu'une mise mieux en rapport avec l'extérieur de Jean-François, aurait pu lui procurer, lui était interdit par son costume, hélas! trop simple, que les moyens de Jean-François ne lui permettaient pas de modifier suffisamment, quelque envie qu'il en eût; car son maigre budget suffisait à grand'peine au strict nécessaire. Comme elle le savait désireux de lui montrer les curiosités de Bruxelles, elle lui proposa de l'accompagner en se tenant à quelques pas derrière lui lorsqu'il se rendrait au Musée. Jean lui montra de la sorte les endroits remarquables de cette ville : le passage, la grande place, le parc, les églises, etc.

Elle le suivait comme son ombre, sans lui parler,

s'arrêtant quand il s'arrêtait; plus attristée encore qu'humiliée de cette condition dure que quelques aunes de soie et un chapeau lui eussent évitée.

Voulant, autant que possible, compenser par quelques services les frais qu'elle s'imaginait, à tort, occasionner à Jean-François (car celui-ci dépensait moins depuis qu'il prenait ses repas avec elle que lorsqu'il mangeait au restaurant), elle prenait de son linge et de ses effets un soin minutieux, et ne restait pas un seul instant oisive (elle avait la paresse en horreur). Jean-François, en rentrant, la trouvait toujours une aiguille ou un livre à la main. Quand il sortait elle le brossait, le peignait, l'attifait, le passait en revue, et ne le laissait partir que lorsqu'elle le trouvait, à son gré, correct de tout point. La sortie était, d'ailleurs, une grosse affaire que Jean-François n'accomplissait pas sans difficulté. Dès qu'il tenait enfin sa canne et son chapeau, elle trouvait moyen de l'amuser un bon quart d'heure, de le retarder par mille chatteries, par des tours innocents qui attiraient sur ses joues un orage de baisers vengeurs. A peine avait-il passé le seuil qu'elle lui lançait un mouchoir noué que celui-ci lui renvoyait lestement; c'était à qui serait le dernier touché; enfin, s'il parvenait à gagner l'escalier, l'espiègle courait à la croisée et faisait neiger sur lui une poignée de menus papiers, en laissant éclater les notes argentines de son joli rire pétillant. Elle le suivait du regard jusqu'à ce qu'il eût pris le tournant de la rue. Et Jean qui ne manquait pas de se retourner trois ou quatre fois, dans ce trajet, distinguait le petit bonnet de cette jeunette qui le menaçait du doigt avec de jolis airs gamins.

Quand Jean rentrait c'était une fête. Souvent, pour éviter sa sortie, elle se chargeait de ses lettres qu'elle allait jeter dans la boîte, lui rapportait du tabac, un cigare, quelque friandise, et revenait rapide comme l'hirondelle.

Elle s'avisa, au bout de quelque temps, d'une mesure économique à laquelle elle fit consentir Jean-François : ils renoncèrent à l'appartement du premier, et obtinrent, pour moitié prix, une chambre fort commode, située au-dessus. A la faveur d'un poêle disposé *ad hoc*, Rosalie se chargea de préparer lestement les repas. Cette alerte enfant savait de tout : une soupe à l'oignon, de la salade, une grillade de saucisses, une friture de goujons ou de pommes de terre, des beef-steaks, tel était l'ordinaire d'apprêt facile que ce charmant cordon bleu accommodait, avec une propreté appétissante, allant et venant çà et là avec la prestesse et la vivacité d'un oiseau. — Elle réussissait particulièrement les omelettes.

Ayant un jour remarqué l'attention profonde, l'intérêt soutenu avec lesquels Jean-François suivait de l'œil la confection de ce mets qu'elle obtenait toujours si doré et juteux, si bien à point, elle le mit, avec une arrière pensée facétieuse, au défi d'en produire autant. — « Bah ! » dit le vaniteux Jean-François d'un air détaché, « si on voulait s'en donner la peine...! »

— Pris au mot et sommé de s'exécuter, il verse les œufs déjà battus dans la poêle où fondait le beurre. Jusque-là, fort bien. Il parvint même, quoique non sans déchirures, à rouler convenablement la chose; mais, dès qu'il s'agit de la retourner, s'efforçant en vain d'imiter ce petit coup sec et preste par lequel Rosalie détachait de la poêle, faisait virer à un demi-pied en sus, et recevait le mets à point sur son autre face, il combina mal ses mouvements et par un brusque et gauche soubresaut, il s'appliqua l'omelette au front. — Et la scélérate de se tordre les côtes et de verser le rire par folles cascades, sous les yeux de Jean-François, dépossédé de toute majesté, interdit, resté la poêle en main, et l'omelette on ne sait où.

Rosalie s'était fait aimer du quartier — où on l'appelait la petite Française, — par ses façons ouvertes et sa gaieté communicative : — « Avez-vous une sœur? » lui demandaient les enfants de la maison avec la naïve curiosité de leur âge; « est-ce qu'elle a la voix aussi douce que vous? » ajoutaient-ils, car la tendresse de son organe les avait frappés.

Au retour de la promenade quotidienne que Jean-François allait faire dans l'*Allée verte* pour s'ouvrir l'appétit avant dîner, il trouvait la chambre embaumée d'un fumet trivial, mais réjouissant, et, de la croisée, suivait de l'œil Rosalie, qui traversait la rue, d'une boutique à l'autre, pour les petites commissions préliminaires du dîner. Elle rentrait portant une carafe pleine de cet excellent faro blond comme l'or, dont la saveur d'une amertume salubre ne remplace pas trop mal le vin.

Au printemps, vers la brune, Jean sortait de la ville par la porte de Schaerbeck, Rosalie marchait sur ses pas jusqu'à cette allée de peupliers qui s'étend dans la campagne et se laisse couper par le chemin de fer. Jean s'amusait de la surprise naïve de Rosalie, qu'émerveillait la vitesse bruyante des convois au râle intermittent, sifflant comme des serpents, la gueule enflammée et scindant la plaine avec la soudaineté de l'éclair, pour aller s'enfoncer aux flancs de la ville.

Parfaitement seuls, ils se rendaient par de petits sentiers ménagés à travers les blés ou les champs de pommes de terre en fleurs, jusqu'à cette jolie *vallée de Josaphat,* dont la belle verdure coupée çà et là de riantes maisonnettes, voudrait une désignation moins sérieuse que ce sobriquet biblique. Il leur arrivait parfois d'y dîner en tête à tête, sous la tonnelle touffue de ces nombreux restaurants qui avoisinent Bruxelles. Ils rentraient au clair de la lune, la main dans la main, proposant des projets d'avenir à l'aspect aimable, mais de possibilité douteuse.

Cependant la réalité jetait, de temps à autre, ses lourds pavés sur les frêles échafaudages de la fantaisie, et rappelait Jean-François au présent par un brusque sursaut qui l'arrachait à ses rêves.

Ah! certes, grâce aux goûts simples de notre ami, l'existence eût été assez douce dans sa monotonie, avec un intérieur ainsi égayé par la présence de l'aimée, la fréquentation de personnes d'élite, dans un milieu entièrement sympathique, et quelques travaux littéraires occupant agréablement un loisir obligé.

Mais mille inquiétudes traversaient cet humble bonheur.

Les lettres des parents qui laissaient pressentir l'impossibilité prochaine de continuer la subvention indispensable, et pressaient Jean-François de se créer des ressources que Bruxelles ne comportait pas ; l'inutilité de toutes les démarches tentées à cet effet ; tout cela attristait et inquiétait profondément Jean-François contraint, malgré ses répugnances, à pratiquer des saignées au maigre revenu de sa famille, et entrevoyant avec effroi le moment où cette ressource précaire allait manquer.

Enfin, de nouvelles et vaines démarches pour se procurer un emploi quelconque ne tardèrent pas à le convaincre que la vie à Bruxelles ne lui était plus possible.

Il fallait prendre un parti, un parti prompt.

XX

Ce ne fut pas sans une vive douleur qu'il se rendit à la triste évidence, car le départ de Bruxelles impliquait sa séparation probable d'avec Rosalie ; et, comment aborder ce sujet avec la pauvre enfant, comment la faire consentir au déchirement de cet adieu selon toute apparence définitif !

Une lettre désolante de son père (qui continua d'ignorer, avec le reste de la famille, la présence de Rosalie à Bruxelles) fut le coup de grâce donné à ce trop vivace espoir qui cherchait ses points d'appui dans le vide.

Après avoir longtemps médité et pris conseil, Jean-François s'arrêta à l'idée d'un départ pour la Turquie : la connaissance de la langue, la bienveillance présumée de quelques personnages haut placés dans le gouvernement turc, avec qui il s'était trouvé à Paris en rapports fréquents, lui faisaient espérer, non sans raison, l'obtention facile d'un emploi convenable.

Rosalie fit éclater sa désolation aux premiers mots de Jean-François. Mais comme elle était trop sensée pour ne pas comprendre, pour n'avoir pas déjà pressenti, sans en rien dire, l'urgence du parti proposé, elle plia sous l'étreinte de la nécessité et se laissa aller à une résignation morne.

Un nuage était passé sur le soleil de sa joie ; tous ses jolis sourires s'éteignirent sous ce coup de vent qui emportait son bonheur rudement cultivé, ses vives couleurs s'effacèrent durant les quinze jours de préparatifs qui suivirent la résolution de Jean-François.

La famille de celui-ci s'était décidée à un nouveau sacrifice. Jean-François reçut les fonds strictement indispensables à son voyage; la somme était si justement mesurée qu'il devenait à peu près impossible d'y prélever l'argent nécessaire au retour de Rosalie. A peine devait-il lui rester, à Constantinople, de quoi vivre une semaine ou deux.

« Je sais aussi bien que toi, » lui écrivait son père, » combien cette somme exige une stricte économie, et » je me trouverais heureux si mes moyens me per- » mettaient de l'augmenter, car je pense qu'il serait » bien affligeant de te trouver, dans un pays si lointain, » dénué de toute ressource.

» Dans cette appréhension, je te conseille d'éviter » toutes les dépenses qui ne seraient pas absolument » indispensables, et qui pourraient diminuer sans com- » pensation les ressources dont tu auras besoin en ar- » rivant, etc. »

Un représentant de son département, qui avait plusieurs fois fait entendre à notre ami « *le langage de la raison,* » en lui prédisant les résultats fâcheux et le triste avenir de ses affections, se chargea de faciliter le départ de la jeune fille, par l'entremise d'une société spéciale dite de *Rapatriage.* Mais si Jean-François avait pu prévoir quelle série de déboires et d'humiliations se préparait par là à sa maîtresse, il eût, au risque de compromettre son propre voyage, assuré celui de Rosalie.

« Voilà, mon cher, » lui disait son ami, « une occasion parfaite de rompre une liaison qui ne peut entraîner pour vous que toute sorte de désagréments; il y

a ici force majeure; plus heureux que tant d'autres, vous n'avez pas l'odieux d'une initiative toujours pénible; les circonstances vous font la part belle; votre maîtresse a, j'en conviens, droit à des égards; mais enfin qu'avez-vous à vous reprocher? Je reconnnais tout le désintéressement et la force de son affection...
— Après tout, à quoi cela peut-il vous mener?... Il faudra bien en finir un jour ou l'autre, car vous ne prétendez sans doute pas faire de cette fillette votre femme!... Question d'intérêt à part, vous sentez assez combien tout s'opposerait à ce projet que je ne vous suppose pas. La séparation vous coûte... soit; mon Dieu! nous avons tous passé par de semblables misères : la vie est faite de ces petits chagrins que le temps efface.

Jean-François n'avait garde de méconnaître le strict bon sens de ces paroles; toutefois il sentait en lui de vagues protestations contre ce dur positivisme qui assujettit le bonheur privé à des considérations d'intérêt ou à des raisons de convenance. Il n'avait jamais été fort épris des us de la société touchant le mariage. Ces sortes d'unions où le cœur n'est pour rien, et qui ne constituent tout bonnement que la fusion de deux fortunes assorties, lui répugnaient au vif.

En outre, il prenait à peine au sérieux cette éducation un peu niaise des pensionnats qui, tout en ajoutant à l'esprit des jeunes personnes maints agréments d'un goût contestable, rétrécit à coup sûr leurs sentiments passés à la filière de tous les préjugés en vogue et encadrés dans les convenances artificielles, affadit le cœur, développe outre mesure la vanité et les goûts frivoles.

L'éducation de la femme par la femme, comme celle de l'homme par l'homme, exclusivement, devait, selon lui, procurer de part et d'autre de méchants résultats.

Il se demandait si quelque fille de bonne maison eût, au sortir du pensionnat, donné cette preuve de vigueur morale qu'avait déployée Rosalie ; s'il ne vaudrait pas mieux, à tout prendre, faire sa femme de cette fille du peuple, dont il connaissait la généreuse trempe, que de quelque mièvre demoiselle douteusement connue par les fréquentations insuffisantes qui précèdent de si peu l'union ; habile à faire, en attendant, de sa réserve de commande un masque aux tristes réalités du caractère.

Il se surprenait à admettre que la volonté, la prudence, la gaieté, le dévouement compensent très-largement la lacune, facile à combler d'ailleurs, de l'éducation usitée, voire l'apport parfois humiliant d'une dot génératrice de maintes prétentions blessantes vis-à-vis de l'époux moins favorisé.

Ce lui était une vive souffrance de se voir conduisant à l'autel une fiancée vaniteuse qui ne lui serait de rien, et néanmoins porterait son nom ; il lui semblait bien injuste que la pauvre Rosalie, délaissée, fût dépossédée par une étrangère d'un bonheur qu'elle avait mérité.

Comment soutiendrait-il, ingrat, la vue de cette

pauvre désolée, alors que, donnant le bras à une épousée dédaigneuse, il verrait, du haut de sa position cossue, celle qui fut autrefois son égale et sa douce amie, réduite à gagner laborieusement son pain, courbée sur ses travaux d'aiguille, ou, silencieuse et morne, passer à côté de lui, dans l'humble tenue de son infime condition, méprisée, vilipendée par une opinion imbécile, moqueuse de son affection dévouée.

Mais, au surplus, ce n'était pas le cas de porter les yeux si avant dans l'avenir; la peine du jour suffisait.

Au moment de son départ, Jean-François reçut de sa mère, qu'on avait fini par instruire de maints détails concernant la liaison de son fils avec Rosalie, — sauf pourtant le fait ignoré du séjour de celle-ci à Bruxelles — une lettre atroce comme l'esprit dévot, étroit et absolu, prévenu par la calomnie, exaspéré par le mécompte, peut en produire.

Ces lignes chauffées à blanc au feu du fanatisme et de l'âpre intolérance, et plus cuisantes que la braise, écrites sous le souffle d'une colère pâle, étaient une sorte de récapitulation de tous les griefs suscités par Jean-François.

La page qui concernait Rosalie était vraiment rédigée avec une férocité inouïe, mais qui dépassait le but en ce qu'elle mordait à faux; parfois elle accrochait des termes de répétition difficile, qui eussent fait pleurer jusqu'au sang la malheureuse enfant, si Jean eût commis l'imprudence ou la cruauté de lui en faire part; voici un des passages qui terminaient la lettre :

« Mais finissons sur ce sujet que je n'ai pu aborder
» qu'en surmontant le chagrin qu'il me donne et la
» honte qui s'y trouve; sur lequel toutefois j'ai cru ne
» pas devoir garder le silence, non plus que sur les
» infernaux écrits que tu n'as pu lancer du haut de
» cette chaire de pestilence qu'en prenant la pose d'un
» apostat à la foi de ses pères.

» Malheureux jeune homme! le souvenir de ce père,
» de cette mère qui avaient mis tous leurs soins pro-
» digues à te donner une éducation chrétienne, était
» donc banni de ta pensée, puisqu'il n'arrêta pas le
» venin de ta plume, et que tu leur perças le cœur
» avec la froide main de l'indifférence?... Tu ne pou-
» vais ignorer cependant la rudesse du coup dont tu
» allais les frapper, en proclamant d'une manière si
» éclatante ton mépris pour la sainte religion, ta haine
» acharnée contre ses ministres.....

» Ah! si tu avais voulu nous briser, tu ne pouvais
» employer un moyen plus sûr. Oh! les larmes d'une
» mère chrétienne sur la mort prématurée d'un fils
» chéri, sont sans doute moins amères que les larmes
» que nous arracha cette sorte d'abjuration solennelle
» des dogmes sacrés.

» Nulle considération divine ou humaine ne t'a ar-
» rêté :

» Tu as attaqué notre sainte religion avec la rage de
» l'impiété, par la seule raison probable qu'elle con-
» damne ta vie; et tu as livré ses vénérables ministres
» à la risée d'un public corrompu.

» Oh ! mais tu voudras bien être persuadé que *je n'ai*
» *connu* tes iniques écrits que *par la rumeur* de l'in-
» dignation générale qui t'a valu d'être traduit en Cour
» d'assises, où tu n'aurais pu éviter une juste condam-
» nation, sans les égards et l'intérêt qu'inspiraient tes
» malheureux parents.

» Tu as dû sans doute être étonné du silence que j'ai
» gardé, dans le temps, sur des sujets dont tu me savais
» le cœur plein ;... mais les courts moments que tu pas-
» sas près de nous étaient dominés par l'appréhension
» des nouveaux malheurs que tu venais d'attirer sur
» toi, sur nous tous, et mes pensées d'ailleurs étaient
» absorbées par la recherche des moyens de t'y sous-
» traire, et par la crainte de n'y pas réussir. Toutefois,
» nous ne pouvions, à moins de passer pour de véri-
» tables idiots, renoncer à te faire savoir que nous
» connaissions et avions pu apprécier assez ta con-
» duite pour sentir profondément les cruelles atteintes
» qu'elle nous a constamment portées. »

Jean-François lut cette lettre, la tête serrée entre les poings ; mordu au cœur d'une douleur intense qui, absorbant un moment en son foyer toutes les autres peines, les y confondit en un jet poignant. Il n'avait jamais si bien mesuré, ni avec tant d'effroi et de chagrin profond, la distance qui séparait ses idées des idées de la famille, qu'alors qu'il se voyait sur le point de mettre, entre elle et lui, une distance matérielle moins grande sans doute, malgré sa longueur, et surtout moins difficile à rapprocher que la distance qui les séparait moralement.

Cette lettre ne précéda que d'une semaine son départ pour Constantinople. Mais que répondre à de telles choses..... et comment espérer d'ébranler ou d'amollir ces convictions en pierre de taille? comment réussir à influencer ces raisonnements d'acier fonctionnant avec l'exacte rigidité des machines?..... — Autant haranguer un piston de Birmingham!.....

XXI

Cependant à mesure que le terme approchait, les fraîches couleurs qui semblaient justifier le prénom de Rosalie allaient s'effaçant : les fleurs vermeilles s'étaient changées en roses blanches; le regard s'alanguissait; le rond visage devenait plus ovale; les grâces folâtres passaient en attraits mélancolieux; la voix de plus en plus douce n'avait plus ces joyeux éclats que soulève la joyeuse humeur; c'était l'harmonie voilée de la tristesse; une tristesse pensereuse qui masquait par fermeté d'âme la douleur vibrant au fond.

Jean-François, sur la demande de l'administrateur, qui décidément lui voulait du bien et avait fini par lui accorder un permis de séjour illimité, obtint de l'ambassadeur de France le passe-port nécessaire à la traversée de l'Autriche.

Enfin tous les préparatifs étaient terminés, les adieux faits aux amis ; Rosalie avait jeté dans la boîte une douzaine de lettres de Jean-François, à tous ceux des siens que le vent de la politique avait disséminés en Angleterre ou en Espagne, ou qu'un sort plus humain avait laissés en France.

Rosalie achevait de se coudre une pauvre robe d'indienne que Jean-François lui avait achetée cent sous : le dernier de ses piètres et rares cadeaux. Tous ces jours-là elle adressait à son ami, sur Constantinople, les moyens et la voie la plus courte pour s'y rendre, mille questions auxquelles celui-ci répondait, avec un amer sourire, par des renseignements, hélas ! bien peu faits pour encourager.

Mais elle ne se décourageait pas, cette brave Rosalie ; loin de là, elle arrêtait déjà dans sa tête gauloise, et coulait en bronze un projet immuable, favorisé par ce tout-puissant moteur : la volonté ! qui, pareille à la foi, fait franchir les montagnes, si elle ne les soulève.

« Ne rêve pas l'impossible, ma pauvre enfant, » lui disait Jean-François abattu ; « je ne sais qu'un moyen de te revoir ; c'est de faire les frais de ton voyage le jour où ma bourse le permettra ; bonheur qui, à vrai dire — il ne faut pas t'abuser — me paraît fort peu rapproché de son échéance. »

Il est certain que Jean-François croyait, ou à peu

près, à une séparation définitive, et surexcité par une sorte d'énergie fiévreuse, peut-être se proposait-il déjà d'éluder successivement les désirs de sa maîtresse, qu'il espérait amener doucement, et peu à peu, à renoncer à un sentiment si fort sujet à la controverse des circonstances et du sort. — On verra ce qu'il en fut.

« Mon ami, je vous suivrai partout, disait tranquillement Rosalie, qui, lorsqu'elle parlait sérieux, délaissait le tutoiement. — Bah ! si pourtant j'allais en Chine ?... répliqua Jean avec un pâle éclair de fausse gaieté. — Moi, je ferai comme la *Buchold,* dit-elle en rappelant les faits très-fantastiques, en effet, d'un personnage des *Mille et un fantômes,* que son ami lui avait lus en entier, à plusieurs matins, — je serai à Constantinople avant toi. »

Bref, le jour vint où Jean-François n'avait plus rien à faire à Bruxelles, où il n'y pouvait rester davantage qu'à condition d'y dévorer, sans but, son maigre viatique.

Rosalie fit, avec un soin maternel, la malle de son ami. Tout son bagage, à elle, tenait dans un mince paquet.

Quand Rosalie vit la malle faite, et qu'il n'y avait plus qu'à partir, c'est-à-dire qu'à se séparer, elle fut prise d'une sueur froide. Elle pleura. Alors elle demanda à son ami une faveur :

.... De rester un jour encore, un jour tout entier avec elle, alors que, pour tout le monde, il serait parti.

Jean-François accorda. La faveur était petite. Il fut joyeux de ce prétexte qui servait un désir complice. Ah! moi, je crois bien, je crois qu'il aurait, ce trop faible cœur, égrené ainsi tout le chapelet d'un mois. Mais Rosalie eut le bon sens de la discrétion.

Donc, ils passèrent un dernier jour ensemble.

Ils le passèrent à s'aimer : c'était de muettes et chastes caresses où le cœur s'amollissait trop, où une larme furtive forçait la paupière et s'y maintenait. On recueillait les chers souvenirs.

La grise chambrette, nid de leurs amours, s'enjolivait à vue d'œil; elle prenait l'aspect animé des êtres vivants. Les promenades du soir à la campagne, les gais caquets où s'oubliait le souci, les propos de table, toutes les circonstances petites et charmantes de cette pure affection suivaient le délicieux torrent de la réminiscence, mais, ô Dieu! venaient se briser contre le roc à pic dressé dans la réalité; c'était ravissant et puis c'était sinistre; car, hélas! le lendemain, midi sonnant les séparait.

Le matin de ce jour Rosalie, qui avait l'instinctive propreté de l'hermine, rangea et nettoya tout dans la chambre comme s'ils avaient dû y coucher à la nuit; elle épousseta, frotta les meubles.

On brûla les papiers inutiles. Tout cela flamba au poêle, et — image de leur bonheur frappé de sinistre — après l'éclair de la flambée, se dissipa en sombres et frêles lambeaux résumés en une impalpable pincée de cendres.

Que ce matin passa vite !..., — Ah ! aussi bien était-il grand temps de se séparer ; on n'avait plus que des idées noires.

Le chaud soleil de juillet qui jaillissait par les vitres semblait jeter une lueur maladive.

Rosalie voulut apprêter le déjeuner comme d'habitude. Elle y mit tous ses soins. Mais elle était distraite, et allait çà et là sans savoir, stupéfiée, comme bercée en un rêve pénible.

Jean-François était sombre.

On s'efforça de manger, mais où était l'appétit ? Il y avait sur la table une bouteille de faro. Il y eut même (attention de Rosalie) un tout petit plat de fraises auquel Jean-François ne daigna pas sourire.

Enfin, à onze heures et demie, un fiacre dont le roulement les fit tressaillir s'arrêta devant la porte. La malle descendit l'escalier ; ils la suivirent. Rosalie portait son paquet ; Jean prit sa canne. Avant de sortir, Rosalie s'empara d'un vieux gant et d'un bout de vieille pipe noire où Jean fumait d'habitude.

Les femmes qui tenaient l'hôtel avaient — elles s'étaient pourtant montrées assez dures et malveillantes au commencement — la larme à l'œil. Rosalie était pâle comme un lis.

Dans le fiacre nos deux amants se regardaient sans se parler en se tenant les mains.

Ils se regardaient d'un regard presque égaré, mais comme saisis de l'idée fixe d'emporter dans leurs cœurs la plus creuse empreinte de leur mutuel souvenir.

En moins de dix minutes la voiture les débarqua au chemin de fer.

Rosalie, qui retournait par Lille, Jean, qui s'en allait par la Prusse, avaient le même embarcadère.

La cloche tinta bientôt pour Jean-François, qui partait le premier; son lourd souci s'aggravait encore de laisser, ne fût-ce qu'une demi-heure, Rosalie seule.

— Seule! elle qui ne pouvait vivre un instant sans lui — en proie aux pensées qu'il lui savait. A qui dirait-elle sa peine?

Il lui mit vingt francs dans la main (le peu dont il pouvait disposer sans manquer son voyage). On avait remis à Rosalie, outre une légère somme, des papiers qui ne pouvaient manquer d'assurer le sien.

Un nouveau tintement vibra. Rosalie et Jean-François s'étreignirent d'une telle étreinte qu'ils semblèrent indissolubles.

Enfin Jean s'arracha le premier et s'enfuit comme un fou vers les waggons.

Rosalie voulut courir après lui. Elle poussa un cri!... Jean lui avait, en partant, déchiré le cœur.

Elle pleurait. Ses dents claquaient. Elle grelottait. Elle se tordait. Elle sanglotait. — Les waggons filèrent.

Comme Jean-François l'a su plus tard, le convoi ordinaire qui emmenait Rosalie ne partait que dans quatre heures. Elle n'y tint pas. Elle rester à Bruxelles après que son ami n'y était plus!... Ah! — Elle s'enquit : elle apprit qu'un convoi accéléré partait dans dix minutes ; elle s'y jeta sans songer au prix. Les employés du chemin de fer qui voyaient son état la prenaient en pitié et la voulaient consoler. Son cœur était plein ; il débordait ; elle aurait pris pour confident une borne. Elle se prit à jaser comme une insensée ; elle ressemblait à un malheureux lancé d'un faîte qui cherche, dans le vide, l'accroc à quelque saillie.

Enfin, la locomotive siffla et l'emporta, elle et son désespoir.

Suivons Jean-François.

XXII

Réduit par la lâcheté de sa bourse à prendre les troisièmes, il avait pour compagnons de route des gens fort vulgaires auxquels la disposition particulière de son esprit lui faisait, à tort ou à raison, trouver l'aspect butor. C'étaient des paysans, des ouvriers, une énorme jeune Flamande brune qui semblait une statue antique enjuponnée. Tous ces gens-là avaient un air insouciant ou ennuyé, inintelligent, fort peu sympathique. C'est en voyage surtout que les gens bien nés sentent le plus cruellement l'atrocité de la pauvreté, qui alors les déclasse.

Contraint à se replier sur lui-même, Jean-François tomba dans ce cruel malaise moral dont l'analogie physique est la nausée. Lui aussi se voyait seul, allant vers un but lointain et inconnu, sans ressources autres qu'une pincée d'or facilement tenue entre le pouce et l'index, et que l'appui chanceux de personnages lointains, à bienveillance douteuse. Il laissait derrière lui les personnes qui lui étaient entièrement sympathiques.
— Que Bruxelles le charmait à travers son souvenir ! Le convoi qui emportait sa maîtresse rayait l'espace dans une autre direction, et la distance qui les séparait s'élargissait de plus en plus avec une odieuse vitesse.

Il fermait les yeux pour évoquer l'apparition de ce visage toujours si riant, alors si désolé. Un moment, sa douleur, à laquelle rien ne faisait diversion, atteignit une telle acuité que, sûr de retrouver Rosalie à Bruxelles, peut-être y fût-il retourné à tous risques. Mais sans doute Rosalie n'y était plus, pensait-il avec raison.

En fouillant dans sa poche, sa main rencontra un papier qu'elle retira : c'était une lettre d'un de ses amis d'enfance reçue le matin; la nature et la force de ses préoccupations lui en avaient fait remettre la lecture. Il l'ouvrit distraitement ; elle était datée de Paris, et, en dehors de quelques détails sans importance, ne contenait que ces réflexions assez moroses :

« Tu vis d'espoir ? Grand bien te fasse. Quant à
» moi, il m'est impossible d'espérer, si ce n'est pour des

» jours bien lointains ; « *in longa tempora,* » comme
» disaient les Juifs aux prophètes.

» Or, si je suis assez bon chrétien pour ne pas dire :
» Après moi le déluge, je n'en serais pas moins jaloux
» de vivre, pour mon propre compte, au grand soleil
» de la république.

» Je crains bien que notre idée ne triomphe que
» lorsque nous aurons laissé nos os sur le champ de
» bataille. Ou, encore, pour ne pas mettre les choses
» au pire, il ne me sourit nullement de penser que je
» serai alors comme étaient en 1830 mon grand-oncle
» Raynal ou le père Chabasseur, si nous avons comme
» eux le bonheur de voir, un peu avant de mourir, le
» triomphe d'une idée pour laquelle notre jeunesse
» aura combattu, etc. »

« Allons, se dit Jean, enfonçons-nous dans l'exil
résolûment et sans espoir ; arrive que pourra. »

Il entra dans Cologne au milieu de la nuit, descendit au premier hôtel venu, et s'efforça inutilement de dormir. Dès le jour il courut à ses croisées ; elles donnaient sur le Rhin. Il sortit pour tuer le temps jusqu'au départ du convoi, fixé à dix heures ; c'est alors seulement que Jean-François éprouva cette impression indéfinissable, — un peu sinistre, — qui nous saisit à l'étranger. Bruxelles ressemble trop à une ville française pour que cette impression d'étrangeté soit très-vive. A Cologne, les enseignes en langue allemande, conjointement aux autres circonstances, procurèrent à Jean-François une sensation fâcheuse.

Nous passerons rapidement sur les diverses étapes de son trajet. Tout ce qu'il voyait ou sentait lui confirmait de plus en plus la barbarie relative des autres pays vis-à-vis de la France, cet unique pays du *savoir-vivre* et de la gaieté; et plus il s'éloignait, plus le rayonnement s'assombrissait. Il apprécia peu la cuisine allemande; fut très-choqué de se voir servir le café au lait dans des petits verres; trouva les garçons d'hôtel idiots et malhonnêtes. Il se sentait une haine des plus corsées contre les gens qu'il rencontrait; il leur en voulait d'être si Allemands que cela. « Parbleu, voilà, se disait-il, de plaisants coquins. » Il considérait comme une offense personnelle leur ignorance du français. « Il y a comme cela, poursuivait-il, des gens qui n'ont jamais connu Victor Hugo, de Balzac, etc., que de nom, et encore! » Il les plaignait un peu, mais il les méprisait davantage. A peine eut-il deux ou trois fois l'occasion d'échanger quelques paroles. A force d'entendre siffler ou croasser à côté de lui le slave ou l'allemand, il prit ces idiomes en parfaite horreur; il en avait mal au front. Il se sentait agacé comme un chien à qui on joue de la trompette. Il avait des envies de glapir. Transformé en misanthrope de la plus fauve espèce, il découvrait aux gens des faces ignobles, sur lesquelles il croyait lire couramment toutes sortes de significations déplorables, à commencer par l'imbécillité ou la vilenie.

Il se souvenait à propos qu'un jour, à une table d'hôte parisienne (parisienne, pourtant!), il avait vainement, avec un de ses amis, cherché, entre vingt convives, un visage à peu près intelligent ou honnête. Aussi admettait-il à peine qu'un septième de l'humanité fût doué de la cervelle suffisante; les six septièmes lui apparaissaient comme une collection d'acéphales : c'étaient des pieds, des mains, des jambes, du remplissage.... les membres de la tête. Il se demandait sérieusement si l'existence de tout ce monde-là était vraiment indispensable? Il en eût volontiers fait des nègres.

Dépossédé de toute bienveillance en ces moments-là, il n'eût peut-être pas souhaité une humanité monocéphale pour les facilités de la décollation; mais peut-être bien qu'en le pressant un peu on l'eût amené à convenir qu'il lui voudrait une seule paire de fesses afin d'y adresser sa botte.

Et encore il allait plus loin, chose horrible! Dans sa perverse misanthropie, il se souhaitait par moments une main assez large, une force assez intense pour étreindre sous ses doigts rageurs la vile planète, et, l'arrachant comme un fruit pourri du système où elle se meut, l'envoyer par une impulsion rectiligne rouler au fond de l'infini.

Tel était l'effet déplorable d'un pareil voyage sur cette organisation nerveuse, aisément impressionnable, irritable à l'excès.

En échange de son argent, on lui remettait de sales petits chiffons auxquels il ne comprenait rien, et il devait s'en rapporter lors de ses payements à la probité très-sujette à caution des gargotiers qu'il subissait.

Il arriva à Vienne, après avoir été torturé dans son sommeil par les demandes à tout bout de champ réitérées de son passe-port, exaspéré par les fréquents changements de waggons. Son passe-port finit à force de manipulations par s'égarer en route ; de sorte qu'en arrivant, il n'avait en mains qu'un *récépissé*, qu'il s'agissait de transmuter en passe-port ; ce qui occasionna des démarches et des tribulations qui impliquèrent un séjour de plus d'une semaine dans un hôtel où on l'écorchait avec persévérance.

Il remplissait ses loisirs forcés par des promenades ennuyées à travers cette capitale qu'un écrivain optimiste appelle, on ne sait trop pourquoi, « la joyeuse hôtellerie de l'Europe », et qui semblait à Jean la plus maussade des cités, et par des lettres où débordait l'amertume de son cœur. Voici celle qu'il écrivit à Rosalie :

« Vienne, 17 juillet.

» Mon amie, mon enfant !

» Je t'écris de Vienne, où je suis arrivé hier au soir.
» Je renonce à te faire comprendre tout ce que j'ai
» souffert, tout ce que je souffre séparé de toi, en ce
» pays où tout m'est inconnu, gens et langue. Je ne
» savais pas que je t'aimais tant ; aussi sois bien cer-
» taine que je vais me mettre en quatre pour te faire
» venir, ma pauvre petite Laly. Oui, je l'espère, dans
» quelques jours je pourrai te faire venir ; t'ai-je menti

» jamais? Ainsi soyez brave, madame Rosalie. Eh! tu
» n'attendras pas longtemps.

» Il te faudra passer par Marseille.

» Ah! mon amie, que je te regrette. Réponds tout de
» suite; tu sais : *A Constantinople, poste restante.*

» Et, je te le répète et t'en prie, surtout ne t'in-
» quiète pas.

» Va, ne crains rien des autres femmes; je les trouve
» laides. Je ne veux, je ne vois que toi. J'ai rêvé de
» toi cette nuit; cela m'a réveillé tout de suite, mais je
» ne t'ai pas trouvée à côté de moi. — O chagrin tuant!
» j'ai bien senti que je ne vivrais pas sans toi. Viens,
» viens, mon enfant, ma fille, mon sang, mon cœur!

» J'ai rencontré hier une jeune fille qui portait une
» robe comme la tienne; cela m'a remué jusqu'aux
» entrailles. Toi, ne pleure pas, je t'en supplie. Si je te
» disais tous mes projets, tu serais trop contente, et
» il faudrait t'empêcher de sauter au plafond, et tu
» rirais à plein cœur. Allons, qu'on se tienne gaie et
» grasse, et sage et proprette comme devant. Tels
» sont mes ordres.

» Et je te demande aussi un peu de patience. Est-
» ce que nous pouvons vivre l'un sans l'autre? Tu me
» diras ton voyage; le plus ennuyeux du mien est fait.
» Je serai dans l'inquiétude jusqu'à ta lettre. J'adresse
» celle-ci à Louis, qui te l'enverra.

» Ah! ne t'avise pas, malheureuse, de passer par ici
» pour me joindre; tu ne t'en tirerais pas. Par Mar-

» seille, entends-tu? Je te serre contre mon cœur.
» Adieu!

» JEAN. »

Ayant enfin réussi à se mettre en règle, Jean partit par les bateaux du Danube.

Entre Presbourg et Comorn, notre ami se découvrit un compatriote des plus proches, aussi se mit-il à parler patois avec fureur, heureux et fier d'échapper, ne fût-ce qu'un instant, à ce lourd allemand qui lui empâtait les oreilles. Mais cet homme (un négociant), s'arrêtant à Pesth, cette jolie cité récemment brutalisée par le canon, Jean-François fut pour tout le reste du voyage livré à lui-même, et les rives plates et monotones du Danube sont peu faites pour distraire vivement d'une préoccupation soucieuse, bien plutôt capables d'inspirer un profond ennui, car leur aspect n'offre rien d'intéressant, qu'aux environs d'Orsowa, par ces masses de rochers dites « Portes de fer ».

Les idées de Jean-François devenaient de plus en plus brunes; il n'était décidément pas né pour les voyages, ce garçon-là. Les hommes et les objets nouveaux lui avaient toujours particulièrement déplu. Il lui fallait l'habitude. Ce fait, qui explique l'amour du pays natal, si vif chez certains individus, tient à cette faculté poétique qui nous assimile et nous approprie nos environs, qui fait nôtres tous les objets animés ou non qui sont de notre intimité; il y a dans nos amis beaucoup de nous-mêmes; il y a de nous aussi dans le fauteuil, la table, la canne qui nous fréquentent. On trouverait peut-être dans le manque de cette sorte d'affection, empêchée dans la classe opulente par la multiplicité des objets possédés et leur mutation fréquente, le secret d'une certaine insensibilité qui étonne et qui nuit aux causes que je signale.

Tous ces taciturnes familiers de notre intérieur ont une auréole qui leur vient d'une effluve de notre cerveau; on les voit à travers le prisme d'un souvenir, idéalisés en quelque sorte. Les objets nouveaux sont purement et simplement réels; par là nous repoussent-ils. Il est impossible qu'un homme convenablement organisé ne s'ennuie pas généralement en voyage, à moins de conditions tout exceptionnelles. Qui ne comprend madame de Staël préférant le ruisseau de la rue du Bac à tout le pittoresque de la Suisse? Les circonstances ont besoin, pour être aimables, d'avoir été vêtues par nous; nous les voulons voir à travers une *certaine couche* de souvenance. Je m'abandonne à dire, à ce propos, que l'expatriation, qui est peu de chose pour plusieurs, est, pour certains, une souffrance atroce. Cela dépend d'une disposition particulière de la boîte osseuse. Les poëtes souffrent le plus, car ils ont laissé dans la patrie le plus de créations, et tous les objets qu'ils quittèrent étaient parés et resplendissants; ils les avaient hypothéqués de beauté. Le départ vous décapite ces hommes de leur riche passé, et ils auront à faire dans le nouveau séjour une nouvelle poésie que l'ingratitude des circonstances peut stériliser. Dure terre ! heureux s'ils y font pousser quelques pâles fleurettes rares et languissantes ; belles, il se peut, mais combien tristes ! Ah ! c'est toute une vie à recommencer sur d'autres bases ; rude enfantement !...

Aussi les grands voyageurs doivent-ils être doués d'une force morale peu commune fournie au préjudice de facultés essentielles, ou d'un crâne épais qui, résorbant les rayons internes, ait constamment laissé leurs alentours secs, froids et nus, déparés d'illusions ; c'est le tempérament des gens positifs. Ces hommes forts changeront leur mobilier sans scrupule et vendront la maison des pères pour en faire une usine. — Mes compliments. — Ah ! que malheur aux pauvres diables qui ne sont pas bâtis de la sorte et qu'un besoin de pain force à vendre le toit et le jardin paternels ! Mon adolescence et ma jeunesse tiennent donc dans ce sac d'écus !... Ah ! serrât-il des millions, ce n'est pas là mon compte !

Et l'acquéreur tranquille scie les arbres, bouleverse le terrain, arrache des pans de mur, et il hume sa prise avec la satisfaction béate d'une conscience en repos dans une bonne affaire.

Cet idiot croit ne tripoter qu'une matière inerte ! il déchire toutes mes images, ce rustre ; il marche avec ses sabots sur tous mes rayons ; mais il mange ma vie ; mais il me partage le cœur avec ses deux sales griffes !...

« Comme ils nous ont arrangé notre Paris ! » disaient les émigrés au retour de l'exil. Ce mot-là ne m'a jamais fait rire, ni Jean-François. — N'est-ce pas, Jean?

Oh! se trouver sans espoir de retour dans quelque village de Bulgarie, et songer à ces rues du quartier Latin où circula notre jeunesse, voilà un de ces supplices qui rentrent dans le répertoire des tortures dont on étonnera les damnés. Alors on cherche partout un clou et une corde, saisi qu'on est d'un âpre désir de s'accrocher par le cou au faîte d'un vieux mur. « Mais elles étaient donc bien suaves et belles, ces rues? — Mon Dieu, non pas, assez sombres et sales, au contraire; presque un peu ignobles et fétides, mais.... »

Mais dans l'enceinte de mon cerveau, mais dans la chaude atmosphère, à travers les feux de Bengale du souvenir, leurs parois sont cent fois plus resplendissantes que les portiques de jaspe et d'or de la Jérusalem céleste. Elles émanent une odeur plus douce que la myrrhe et que le cinname, et que toutes les essences de l'Arabie. C'est le parfum et c'est la vision de la jeunesse évaporée!

XXIII

Jean-François dormait profondément un matin; quand un brouhaha général le tira de son lourd sommeil : depuis longtemps le bateau était, à l'insu de notre ami, entré dans les eaux du Bosphore; on était en face de Constantinople.

Jean a avoué depuis, en rougissant très-peu, que le coup d'œil l'avait plus surpris qu'émerveillé; attribuons cela à ses mornes dispositions. Ces maisons en bois peint (en fait d'architecture il ne comprenait et n'admettait guère que la pierre) lui semblèrent un misérable décor usé, blanchi, quelque chose comme une gouache incolore peinte sans goût par un ingriste de pas de talent. Il ne se pâma point d'admiration devant la lourde tour de Galata, qui se présentait en face avec son toit vert en poivrière, ni devant la masse blanche et carrée de l'ambassade de Russie qui domine et semble vouloir écraser les piètres constructions ligneuses qui se déroulent en aval.

Toutefois, il ne se montra pas assez morose pour faire fi de l'admirable position gâchée par de stupides bâtisses. La verdure lui parut fort gracieuse, les collines suffisamment dessinées, quoique sans hardiesse. Il trouva le soleil en bon état, et les eaux d'un vert agréable.

Jean-François, qui, d'accord en ceci avec Fourier, rêvait pour Constantinople la commanderie du globe, s'amusait en imagination à faire éclater sur cet emplacement une tempête effroyable de marbre et de bronze; un orage splendide et créateur qui incarnât dans la matière saisie de l'attaque nerveuse du génie, éperdue et frémissante sous le souffle puissant d'une grande volonté, toutes les inventions stupéfiantes, toutes les merveilleuses images terribles à force de beauté trouvées par l'imagination opulente de Piranèse.

Cette immense orgie architecturale était traversée et nourrie par un large et fougueux courant d'or issu avec fracas de tous les coffres pleins.

Il surmontait la ville d'une statue de la Nature, haute d'une lieue, qui, d'une main, versait un fleuve, et de l'autre faisait rayonner un soleil de lumière électrique. Le Colosse de Rhodes n'était qu'un galopin auprès de cette belle personne de marbre.

Vous comprenez qu'en raison de ces fantasmes grandioses qui peuplèrent soudain son cerveau, Jean-François ne se pressa pas d'admirer les piètres bicoques de bois mal peint qui constituent le Constantinople actuel. — Que diable ! il trouvait ça piètre.

Des barques agiles frétillaient aux flancs du *vapeur* comme des goujons autour d'un phoque, et emportaient les passagers et les bagages. Jean-François se jeta avec sa malle dans un de ces étroits *caiks* que des prodiges constants d'équilibre empêchent seuls de chavirer, et le voilà, après quelques coups de rames, sur le port de Galata, tripotant de ses deux pieds dans le sol turc, représenté en cet endroit par une boue noire et compacte. Il avait quinze francs en poche et rien ailleurs pour faire face aux événements. Il est vrai qu'il savait la langue ; mais cette considération devait être de peu d'importance, au point de vue des aubergistes. Un *hammal,* qui s'était emparé de ses effets, lui demanda à quel hôtel il voulait débarquer ? — Notre ami ayant répondu qu'il ne connaissait aucun hôtel, le portefaix déposa la malle contre une borne et refusa d'aller plus loin avant d'être fixé sur le terme de sa course. Jean-François lui fit observer, dans le turc le plus distingué et de la voix la plus polie, qu'en sa qualité d'étranger il était dispensé de savoir le nom des hôtels qui se partagent les voyageurs; cette observation n'eut aucun succès; le hammal ne bougea pas. Enfin, *un monsieur* qui passait lui ayant charitablement donné une adresse, on pénétra dans Constantinople, et par des rues à pic, tortueuses, gluantes de boue, puant le fromage vieux, l'huile rance, le poisson pourri, on grimpa jusqu'à la *grande rue de Péra,* où Jean-François entra dans un vilain petit hôtel (Hôtel d'Orient). On lui donna une mauvaise chambre aux murailles nues, sans guère autres meubles qu'un lit et un petit miroir.

Jean s'habilla en hâte, avala une côtelette arrosée d'un verre de vin de Ténédos lourd et capiteux; nom plein de poésie, vin dépourvu de bouquet; ce qui, à vrai dire, préoccupa peu notre ami. Son crâne était trop plein de soucis actifs et tapageurs, pour admettre les jolies pensées de luxe que réfléchit seule la plane superficie de la tranquillité mentale. Prenant à peine le temps d'essuyer sa moustache, il se précipita à travers toutes sortes de rues bizarres à la recherche d'une position sociale. Il n'y avait pas de temps à perdre. Son petit flot d'or tari goutte à goutte l'allait mettre à sec sur le banc de sable de la misère. Toutes ses idées étaient d'une nuance fuligineuse, tenant du bistre et du noir de fumée.

Se trouver dans un coin de l'enclos paternel plongé jusqu'aux yeux dans tout ce qu'une imagination hardie peut rêver de plus indigne, lui semblait, auprès de ses embarras, un accident plein de fraîcheur, un sort cossu, brillant, digne d'envie.

Comme il éprouvait avant tout le besoin d'insérer un peu de gaieté dans son moral assombri par l'échange de quelques paroles toniques, sa première visite fut pour un représentant montagnard connu à Bruxelles et parti pour Constantinople par une autre voie.

Après une causerie dont la joie ne peut être bien appréciée que des gens qui, par une série de circonstances ingrates, se sont vus réduire au mutisme, confire dans la tristesse, démoraliser par un isolement prolongé, Jean manifesta l'intention de se rendre chez le grand vizir, qu'il avait connu d'assez près alors qu'il était simple ambassadeur à Paris. Mais on s'empressa de lui apprendre que ce sublime fonctionnaire, grand vizir depuis cinq ou six ans, avait été destitué la veille même, par une délicieuse espièglerie du sort, qui tenait à faire pierre à Jean-François juste au moment où ce brave garçon avait besoin d'appui. Au surplus, le destin se montrait coutumier de ces tours pendables à l'endroit de notre ami, et s'amusa constamment à le dépouiller de toutes les hautes protections sur lesquelles diverses circonstances lui donnaient le droit de compter. Par exemple, lorsqu'il demeurait rue de *l'Ancienne-Comédie*, il vivait de pair à compagnon, et sur le même palier, avec un jeune Turc, devenu, lui aussi, grand vizir, mais qui, par un accident moins rare que facétieux, fut frappé d'une perclusion complète du souvenir dès son ascension au sadrazamat.

Jean-François aurait pu citer nombre de faits pareils d'amis parvenus par une pure faveur de leur chance à des positions cossues, tous doués invariablement d'une mémoire aussi déplorable et nullement tentés de lui prêter cet appui facile qui semble l'acquit d'une dette envers la fortune. Jean restait toujours Jean, Jean comme devant.

Il avait connu à Paris un assez brave homme de pacha, depuis membre du Divan; il se fit indiquer son *qonaq* (hôtel), sis au quartier dit Hôr-Hôr. Il trouva l'hôtel, mais le pacha était absent. Jean fuma une pipe, but un *fildjan* de café dans le *sélamlik*, et partit en annonçant une prochaine visite, qui, cette fois, fut plus heureuse. Le vieux pacha le reçut à bras ouverts; mais il allait partir sous peu pour Widdin, dont on l'avait nommé gouverneur. Il regrettait que ce départ prochain l'empêchât d'user de son crédit à l'égard de Jean-François; mais si Jean-François voulait l'accompagner en qualité de secrétaire privé, il se ferait un plaisir de l'accepter en lui assurant des honoraires convenables.

Si Jean-François avait eu d'autres ressources que les quelques pièces blanches qui dansaient dans le vide de son gousset, peut-être eût-il refusé d'emblée une proposition qui impliquait son enterrement tout vif dans un pachalik bulgare. Dans l'extrémité où il se trouvait, il lui parut prudent d'accepter, et il resta convenu que le lendemain il transporterait sa malle au *qonaq* de Son Excellence, qui hâtait déjà ses préparatifs de départ. Ainsi fit-il. Il avait, dès son arrivée à Constantinople, écrit à Rosalie une lettre par laquelle il entretenait son espoir et lui recommandait la patience. Mais deux ou trois jours après, il trouva à la poste la lettre suivante, adressée par Rosalie :

« **23** juillet.

» JEAN,

» Je t'écris dès mon arrivée pour te dire le triste
» voyage que j'ai fait. Après ton départ, il me fallait
» attendre jusqu'au soir pour m'en aller par les troi-
» sièmes, et je ne savais que faire de moi, me sentant
» malade à mourir. Je n'ai pas eu la force d'attendre;
» j'ai pris un convoi plus cher; il me semblait qu'en
» partant je courais après toi.

» Il y avait dans le waggon deux ou trois messieurs
» qui me demandaient si je souffrais, tant j'étais pâle
» et accablée; moi, je ne pouvais dire oui ou non; je
» faisais signe que non de la tête, et je me retournais
» de l'autre côté pour pleurer.

» En entrant dans Lille, un de ces messieurs, tou-
» ché peut-être de mon triste état, m'a engagée à venir

» dans son hôtel, offrant de payer ma dépense; j'ai
» refusé. Je me suis fait enseigner la préfecture, où je
» devais montrer les papiers qu'on m'avait remis pour
» toucher le reste de l'argent et continuer ma route,
» car le convoi partait à neuf heures; mais la préfec-
» ture était fermée; je suis allée à la mairie, fermée
» aussi. Alors j'ai cherché un hôtel pour passer la nuit.
» On me renvoyait de partout, parce qu'on ne voulait
» pas loger une femme seule. J'ai prié un passant de
» m'indiquer un hôtel où l'on voudrait me recevoir; il
» m'a procuré un commissionnaire qui m'a menée à
» une maison noire et basse, tenue, à ce qu'on m'a
» dit, par de nouveaux mariés. Cette maison avait une
» mine tellement sinistre, que j'avais peur : c'était un
» escalier en tire-bouchon, mais si sale! avec des pa-
» rois gluantes; on n'y voyait rien en plein jour. On
» me donna une chambre étroite et humide dont les
» murs blancs et nus suintaient. Il y avait une table et
» un lit sans draps, rien qu'une couverture de laine;
» tout cela sentait le moisi.

» On me servit un peu de pain et de l'eau de gro-
» seilles.

» O mon Dieu! comme je pensais à ce joyeux paradis que j'avais laissé! à ce petit lit si propre où je
» dormais avec toi. Je couchai là pour vingt sous. On
» me questionnait beaucoup, et je ne savais que ré-
» pondre, car je ne me connaissais plus. Tout ce que
» je disais, c'est que je venais d'avec mon père. O
» Jean, tu m'aimais bien comme ta fille!... Je sortis

» tout au matin ; les bureaux du commissaire étaient
» encore fermés. Que je trouvais le temps long !... On
» n'ouvrait qu'à dix heures.

» Je montrai mon papier ; on me dit qu'on ne m'ac-
» corderait que trois sous par lieue, comme à un mili-
» taire. « Et comment voulez-vous que j'aille à pied ?
» dis-je à l'employé. — Est-ce que cela me regarde ?...
» vous avez des jambes. » Je lui dis qu'il était bien
» dur. Il me menaça de me faire emmener par des
» soldats. Moi, je demandais toujours les huit francs
» qui me revenaient. On me conseilla d'aller parler au
» préfet ; je trouvai là des gens polis ; un employé
» porta mon billet au préfet, qui ordonna qu'on me
» donnât les huit francs, avec une demi-place au che-
» min de fer. C'était un billet de militaire... j'étais
» rouge de honte.

» Arrivée à Paris, j'allai à la préfecture de police ;
» j'entrai dans les bureaux : « Que désirez-vous ? Mon-
» trez la feuille, me dit-on. Allez là-bas. » Un autre
» lit : « Allez là-bas. » L'autre signe un papier : « Pas-
» sez à la caisse. » Je ne savais pas où était la caisse.
» Je m'informe ; je traverse une cour, je monte un
» escalier, j'arrive à un petit bureau. On me compte
» trente sous. « Que voulez-vous que je fasse de si
» peu ? — Ce n'est pas notre affaire. » Je sortis désolée.

» A quelques pas de là, je priai un marchand de
» vin de m'indiquer le chemin de fer d'Orléans : on
» me procura un fiacre qui m'y porta. Un facteur vint
» à moi. « Où allez-vous ? » me dit-il. En causant

» avec moi, il découvrit que j'étais de son pays; je le
» trouvai très-bienveillant. Il me conduisit au bu-
» reau. « Cela vous coûtera, jusqu'à Châteauroux, seize
» francs, » me dit un employé très-poli. Je lui confiai
» ma position. « Allez, me dit-il, trouver le directeur;
» peut-être vous accordera-t-il ce que vous deman-
» dez. » Le directeur était un homme jeune, d'air
» affable et intelligent. J'allai me jeter à ses pieds; il
» me retint, et m'écouta avec beaucoup d'attention.
« Voici une demi-place. » Il songea un peu. « Bah!
» ayez la place entière, dit-il en me remettant un
» autre papier. Êtes-vous contente? On part à six
» heures; vous avez le temps de faire un tour au jar-
» din des Plantes, qui n'est qu'à deux pas. »

« Eh bien, me dit-on au bureau, qu'avez-vous fait?
» — Voyez, dis-je. — Elle a la place entière! » On
» fut étonné. « Comme vous l'avez touché! Il a fait
» pour vous ce qu'on ne fait jamais. »

» Le jour était brumeux, et il tombait quelques
» gouttes de pluie. Néanmoins, j'allai au jardin pour
» tuer le temps. Le jardin était presque désert. Je ne
» savais trop de quel côté me diriger. Un promeneur
» d'un certain âge, qui vit mon embarras, s'offrit
» pour me montrer les curiosités du jardin; je ne l'en
» empêchai pas. Du reste, il fut charmant pour moi.
» Il me montra le cèdre, les serpents, les oiseaux, le
» squelette de la baleine. Les tigres n'y étaient pas, à
» cause de la pluie. Puis il me quitta en me disant
» qu'il était heureux de m'avoir montré ces belles

» choses. « Adieu, et bonne chance, » me dit-il avec
» une honnêteté parfaite.

» Je revins au chemin de fer. Mais j'avais un peu
» faim ; car la promenade m'avait ouvert l'appétit. Le
» facteur, mon compatriote, m'indiqua un modeste res-
» taurant où il m'accompagna, et il se mit à table avec
» moi. Il poussa l'attention jusqu'à mettre du sucre dans
» mon vin. — « Cela vous donnera des forces. »

» A l'embarcadère, il m'évita toutes les allées et ve-
» nues, et me remit un mot pour ses parents, en m'as-
» surant que j'y serais bien reçu. Je le remerciai de
» tout cœur, comme tu penses.

» Je partis, et j'arrivai à Châteauroux ; mais comme
» j'avais peu d'argent et que je ne voulais toucher à ce
» que tu m'avais donné que le plus tard possible, je
» couchai à l'hôtel et laissai partir la diligence qui em-
» porta mon paquet. Le lendemain j'allai chez le com-
» missaire. Ah, mon Dieu ! on me donna dix-huit sous ;
» c'était à peine de quoi payer ma dépense à l'hôtel.
» Mais je m'étais mise, à ce qu'il paraît, dans les bonnes
» grâces de la servante ; on ne voulut rien accepter.
» Je trouvai une voiture qui faisait le *service à volonté*
» jusqu'à Argenton (douze lieues), mais je la laissai
» partir, car les façons du conducteur ne me plurent
» pas. Je m'arrangeai avec un autre voiturier. Il y avait
» dans sa patache un marchand de bœufs qui m'adressa
» la parole, et quand nous arrivâmes, me recommanda
» son auberge, où l'on était bien sans trop dépenser.
» L'autorité de l'endroit me compta douze sous. Le

» marchand que j'ai dit m'apprit qu'il allait jusqu'à
» Limoges. « Si vous voulez, » ajouta-t-il, « faire à pied
» un bout de chemin, nous dînerons à une auberge
» qui est sur la route, en attendant le passage de la
» voiture. » Mais, à un embranchement de la route,
» il me quitta en me disant qu'il allait me rejoindre.
» Je l'attendis beaucoup, mais je ne le vis plus venir.
» J'avais tant de tristesse et je me sentais si isolée, que
» la société la plus stupide me semblait un soutien.

» Je me trouvai toute seule au milieu de la route. Je
» marchai assez longtemps. Enfin j'arrivai à un endroit
» où plusieurs routes se croisent en traversant les bois,
» et je ne savais par où prendre. Il était très-tard, pres-
» que nuit. Il ne passait pas une âme. Je me mis à
» fondre en larmes en me voyant ainsi abandonnée, si
» loin de toi et de mon pays. Je tenais tes gants à la
» main et ta pipe, et je criais tant que je pouvais :
» M'ami ! m'ami ! — J'aurais donné vingt ans de mes
» jours pour te voir seulement un quart d'heure.

» Mais pourtant je prenais courage, car il me sem-
» blait, en pensant à toi, que tu m'envoyais tes forces.

» Je marchai encore un peu à tout hasard ; enfin
» j'aperçus une lumière bien loin, bien loin, comme
» dans les contes. J'y arrivai au bout d'un quart d'heure.
» C'était une auberge. J'y entrai. Il y avait un grand
» feu. Je demandai à manger, ayant très-faim. On me
» servit des pommes de terre ; et je me décidai à pas-
» ser là la nuit pour attendre la voiture qui arrivait à
» midi.

» Au point du jour j'étais déjà levée quand j'entendis
» le roulement lent d'une charrette chargée de blé ; elle
» était menée par deux hommes, le père et le fils ; —
» je leur demandai gentiment s'ils voulaient me laisser
» monter sur les sacs? — « Avec plaisir, me dirent-ils,
» mais nous n'allons pas loin. » Au bout de deux heu-
» res, en effet, il me fallut descendre, car la charrette
» prenait la traverse. « Je suis fâché de nous quitter
» là, » me dit le vieux. Je leur offris quelque argent
» qu'ils ne prirent pas. J'arrivai ensuite à une autre
» maison où je m'arrêtai pour déjeuner, et puis je con-
» tinuai encore ma route à pied jusqu'à la tombée de
» la nuit. J'arrivai ainsi au dernier relais qui précède
» Limoges. Je pris un bouillon en attendant la voiture,
» qui m'y porta pour quatre francs. Là je me mis en
» quête de mon paquet, que je finis par découvrir au
» bureau de ma diligence. Je touchai encore quelques
» sous avec des embarras qui nécessitèrent deux ou
» trois longues courses. On m'avait mal renseignée;
» ainsi j'allai droit à la prison et j'entrai dans la loge
» du concierge, qui était occupé à tremper des soupes,
» et qui, me prenant pour une de ses *pensionnaires*
» échappées, me regarda d'un air effaré et ferma vive-
» ment la porte sur moi. Tout s'expliqua, et l'on rit
» un peu.

» J'étais épuisée de fatigue et je mourais de faim ; il
» y avait déjà une semaine que j'avais quitté Bruxelles.
» Heureusement j'avais encore de ton argent. Comme je
» le ménageais, ce pauvre argent!... Il m'en coûtait plus

» de le dépenser parce qu'il me venait de toi. J'entrai
» dans une petite auberge d'apparence honnête : je de-
» mandai un peu de soupe. On me servit. La maîtresse
» de la maison était une femme de trente-cinq ans, belle,
» très-charmante, et qui paraissait avoir souffert; elle
» vint causer avec moi et s'intéressa à ma peine.

» La voiture partait le soir très-tard. Je trouvai au
» bureau un monsieur qui avait une propriété tout près
» de mon village; il était très-parleur, et c'était un
» bon homme, quoique un peu simple; il venait de Pa-
» ris. Nous faisions route ensemble, car je pris la voi-
» ture jusqu'à ***, ayant plus d'argent qu'il n'en fallait.
» Arrivés là, nous nous arrêtâmes à l'hôtel de la dili-
» gence; je m'assis à une table. Le monsieur que j'ai
» dit fit mettre un couvert en face de moi et fut à mes
» petits soins; il ne voulait pas me laisser payer. Ce-
» pendant, après quelque insistance, il consentit à ce
» que je donnasse dix sous pour ma part. Là encore il
» me fallut courir à trois ou quatre bureaux pour tou-
» cher si peu que rien. Puis je m'informai d'une autre
» voiture. Le conducteur, qui me connaissait, me
» dit de donner ce que je voudrais. Je lui proposai
» quatre francs; ce qui était peu, mais il s'en paya. En-
» fin j'arrivai à la nuit à ***. Ma mère avait changé de
» logement. Elle m'embrassa en pleurant, mais sans
» reproche; car elle sait que je t'aime trop et qu'elle
» n'y ferait rien.

» Tu ne me reconnaîtrais pas, tant j'ai maigri. Aussi-
» tôt que tu auras reçu cette lettre, écris-moi; il fau-

» drait trente francs pour aller à Marseille. Je ne sais
» si je pourrai attendre quinze jours, je souffre trop.
» Je tâcherai; mais pas davantage (j'ai comme la fiè-
» vre; je suis dans le feu). Après cela je pars tout de
» même, sans rien. Je me fie en Dieu. Je ne vis ni ne
» meurs. Après ta réponse, je serai là-bas dans quel-
» ques jours. Personne ne me retiendra.

» Adieu, je t'embrasse comme je t'aime,

» Ta LALY, ta fille. »

XXIV

Jean-François, dans sa réponse immédiate à Rosalie, lui apprit sa réussite relative, et lui donna à tout hasard des détails sur le trajet de Constantinople à Widdin.

Jean fut installé chez le pacha dans un joli pavillon, au rez-de-chaussée, donnant sur un jardin fort bien entretenu et plein de fleurs.

Cette pièce avait d'assez remarquable un plafond en bois jaune et verni, sur lequel courait une guirlande de raisins en bois sculpté peints en blanc. Mais les murs s'enjolivaient — ô infamie ! — de lithographies d'après Dubuffe, que Jean-François s'empressa de désapprouver.

Il dînait journellement en tête-à-tête avec le pacha,

dans une petite salle à manger richement décorée, donnant sur le jardin. Le repas se composait invariablement d'une quinzaine de plats fort appétissants, quoique apprêtés selon les traditions de la cuisine turque. La France était rappelée par une noble argenterie d'un travail exquis, superposée aux blancheurs damassées d'une nappe riche en dessins, détail commun à la plupart des grandes maisons turques, un paysage à fresque (sans figures) peint avec barbarie, mais d'une composition originale, couvrait tout un pan de mur; on était servi par sept ou huit domestiques ou *aghas*.

Le fils aîné du pacha, un des jeunes gens les plus lettrés de Constantinople, qui occupait ses loisirs par la traduction en turc du texte arabe d'Ibn-khaldoun, assistait quelquefois à ces repas. Bien que le père et le fils connussent le français, la conversation se tenait presque toujours en turc.

Le pacha — un Turc de la vieille roche (il avait pris part au combat de Navarin) — avait, très-récemment, assez longtemps vécu à Paris et à Londres; c'était, disait-il, la belle époque de sa vie. Il en rapportait des souvenirs immoraux qui avaient le privilége de faire palpiter sur ses lèvres les sourires les plus coquins. Il joua d'ailleurs un rôle important en Égypte, d'où il était parti à la mort de Méhémet-Ali.

Un des commensaux les plus habituels était un imam, remarquable par une certaine instruction, et qui, de temps à autre, abordait avec le pacha des questions de haute philosophie auxquelles les Turcs sont infiniment moins étrangers qu'on ne pense, et pour lesquelles ils ont même, au dire de Jean-François, un goût des plus prononcés, favorisé d'ailleurs par les méditations ou, si l'on veut, les rêveries qui remplissent leurs loisirs; au rebours de ce qui a lieu chez nous, où la poursuite à outrance des intérêts matériels, où une âpre acquisivité mangent tout le temps sans laisser à l'esprit le noble loisir de quelque haute réflexion ; procurant de la sorte le crétinisme déjà très-avancé d'une bourgeoisie qui se dépense sans frein en maquignonnage industriel et en tripotages boursiers. La prospérité matérielle ne revient-elle pas un peu cher si elle n'est obtenue que par le sacrifice du plus pur de notre essence et par l'acquisition d'une âme crasseuse? Nous perdons et notre bonhomie, et notre esprit, et notre politesse, et ce bon vieux rire français qui vibrait dans le cœur et qui tintait dans la chanson. Les hommes se sont faits durs comme des usuriers centenaires, brutes et lourds comme des pavés. — Nos femmes deviendront bêtes. Elles ont, il est vrai, des robes splendides, constellées de perles et d'or ; elles se sont enveloppées dans tous les rayons du soleil. Mais il fait nuit dans leur tête et il fait sec dans leur cœur. A quoi bon tant d'apparats?... O jour de Dieu ! un peu de cœur et pas de chemise.

Jean-François eut la bonne fortune de trouver à Constantinople un illustre écrivain dont il était connu et dont la rencontre lui procura un de ces vifs plaisirs qui ne s'oublient pas. Il assista à plusieurs incendies de toute beauté. Ces surprises sont une des particularités les plus fréquentes de Constantinople : on s'absente pour quelques heures, au retour on ne trouve ni sa maison, ni sa rue, ni son quartier : en un clin d'œil le tout a été transformé en un grand tas de cendres où il est pénible d'avoir à chercher ses effets.

Profitant des quelques jours qui lui restaient pour voir Constantinople et ses environs, notre ami se rendit un soir aux *Iles des Princes*.

Jean-François, qui presque jamais ne décachetait brusquement ses lettres, ayant l'habitude, assez déplorable parfois, quand il en recevait, d'attendre pour les lire des dispositions ou une heure qui en favorisassent la lecture, alors surtout qu'il en espérait quelque plaisir, alluma un cigare et tira de sa poche une lettre qu'il avait prise, en passant, au bureau de la poste française; elle était de ce même ami d'enfance dont les réflexions politiques l'avaient grandement attristé à son départ de Bruxelles. Elle répondait aux adieux de Jean-François et témoignait de leur vieille intimité, comme on en peut juger par l'extrait suivant :

« Tu es sans doute en mer à l'heure où j'écris.
» Contre les soubresauts du tangage, je récite à ton
» intention l'ode de mon vieil ami Horace :

>   Sic te diva potens Cypro,
>   Sic fratres Helenæ, lucida sidera,
>   Ventorumque regat pater,
>   Obstrictis aliis præter Japyga,
>   Navis, etc.

» Laissons là Vénus et le père des vents, ma pensée
» plus sérieuse m'emporte vers le passé. Qui m'eût
» dit quand nous jouions dans les allées de ton jardin
» que de si changeantes destinées nous attendaient,
» nous pauvres enfants de parents si tranquilles,
» élevés dans une ville dont nous devions être un
» jour les conseillers municipaux? « *Habent sua fata*
» *puelli.* » Le sort de la vie est en germe dans les
» gestes de l'enfant.

» Que diable! aussi, allais-tu mettre la main sur
» ces vieilles épées rouillées qui dormaient dans la
» poussière, derrière quelque bahut, au repos de leur
» fatigue, dans les arcanes de votre grenier, et dont
» tu massacrais, tête baissée, ô don Quichotte en
» herbe, les superbes carrés de choux, sans égard aux
» cris féroces de la servante horripilée, accourue en
» hâte au secours de ces innocents, et qui se dressait,
» les bras exaltés, à l'autre bout du jardin, comme
» l'affreux point d'exclamation de tes exploits dévas-
» tateurs?

» Était-il déjà dans ton cœur d'enfant ce levain de
» l'animosité qui plus tard s'empara de toi contre les
» sectateurs du pot-au-feu? était-ce une haine d'in-
» stinct contre ces bourgeois fétides que l'immortel
» Daumier devait plus tard hacher à coups de crayon,
» qui exaspérait ton bras lorsque tu partageais avec
» tant de vigueur ces infâmes et magnifiques potirons,
» l'orgueil de ton père?—Voilà, voilà, mon cher, où
» t'ont conduit tous ces excès. J'avais toujours prédit
» que tu finirais mal.

» Il te monta au cerveau l'âcre fumet de ce jaune
» bouquin de l'Iliade, que tu feuilletais, le visage en
» feu ; orné à tous ses livres d'une épouvantable gra-
» vure où Grecs et Troyens s'abîmaient avec rage.
» Pensais-tu, dès lors, ô mon vieux François, que par
» un mauvais vent tu irais voir de près le Simoïs et le
» Scamandre empourprés du sang des héros et « *cam-*
» *pos ubi Troja fuit ?* »

» Tu étais né pour batailler avec les hommes, quoi-
» que à loisir et sans te gêner. Pourquoi étais-je fait,
» moi ? — Véritablement je ne le sais pas bien encore,
» ayant si peu fait tout ce que j'ai entrepris. La for-
» tune, il est vrai, m'a doué d'un tempérament qui
» subit ses vicissitudes sans me procurer des haut-le-
» corps par trop accentués.

» Et pourtant, je l'avoue, il me serait doux de re-
» trouver, sur mes vieux ans, le toit paternel et de m'y
» reposer dans les placides loisirs de l'aisance, de mes
» tribulations d'autrefois.

» J'y voudrais mettre, de deux jours l'un, deux cou-
» verts sous la tonnelle du bord de l'eau, et t'y offrir,
» ô mon vieil ami, le civet traditionnel, le poulet ten-
» dre, la jeune laitue, et la truite pêchée dans l'onde
» frigide et tapageuse qui passe irritée à travers les
» rocs ; et quelques flacons de ce vieux vin, ardent et
» fauve comme le feu, aussi frais que la glace, parfumé
» comme la violette, que Lydia tirerait avec précau-
» tion de sous le sable fin du caveau où il aurait mis
» dix ans à perfectionner ses rubis.

» Hé ! nous en serons bientôt là, mon pauvre Fran-
» çois, car, « *eheu! fugaces, Posthume, Posthume, la-*
» *buntur anni.* »

» Encore quelques pas de montée, et, après une
» courte station, le déclin. . . . .
» N'était-ce pas hier que nous rayions le sable des
» allées, en chevauchant sans frein, « *in arundine*
» *longâ,* » sur le jonc à pomme d'ivoire oublié ici-bas
» par feu ton aïeul ! »

Jean-François passa une journée assez triste aux *Iles des Princes.*

Au retour il était trop tard pour rentrer chez le pacha ; il se décida donc à passer la nuit à Péra. Le bateau l'ayant débarqué à Top-Khané, comme il était peu sûr de son chemin dans ces rues noyées d'une ombre opaque, il s'adressa pour se renseigner à deux messieurs en chapeau, qui passaient auprès de lui ; c'étaient des Français. « Nous allons comme vous à Péra, lui dirent-ils, nous ferons, s'il vous plaît, route ensemble. » Après une causerie assez longue dans laquelle on se découvrit une sympathie réciproque, les deux compagnons de Jean-François proposèrent à celui-ci de passer la soirée avec eux, et l'engagèrent à venir souper à leur *locanda*. Le repas fut arrosé d'un vin de Brousse assez folâtre, très-capable d'éperonner une conversation et de la rendre expansive. On se conta ses affaires. Le plus âgé des convives était un courtier maritime établi depuis vingt ans à Constantinople ; l'autre était un jeune homme récemment arrivé pour une entreprise commerciale.

Jean-François n'avait aucun motif de taire sa position. A mesure qu'il avançait dans son récit, il vit ses deux compagnons se regarder avec surprise, et le plus jeune lui dit : « Ne vous nommez-vous point Jean-François ? — En effet, dit Jean ; mais comment le savez-vous ? » reprit-il assez surpris.

« Monsieur, lui dit ce jeune homme, qui s'appelait Dutilleul, j'ai vu à Marseille, dans un petit hôtel où je logeais, une personne qui paraît bien vous aimer. Connaissez-vous mademoiselle Rosalie ? » — Et il conta à Jean-François, stupéfait de surprise, que sa maîtresse, après une série de tribulations dont elle lui avait fait le récit, avait fini par arriver à Marseille, où elle essayait de se faire admettre sur un bateau à vapeur. « Peut-être, ajouta-t-il, la verrez-vous dans trois ou quatre jours, car, à mon départ, elle avait réussi dans ses démarches. En tout cas, je ne vous cacherai pas que sa position m'avait inspiré tant d'intérêt, que j'ai remis au maître d'hôtel — sans espoir de remboursement, — une cinquantaine de francs pour payer sa dépense. Je vois par votre rencontre, fort inattendue, qu'elle m'avait dit vrai de tout point. »

Le lendemain, Jean-François préleva sur une avance faite par le pacha et rendit à M. Dutilleul les cinquante francs si généreusement prêtés à sa maîtresse, dont il attendit l'arrivée d'un moment à l'autre.

L'ami de M. Dutilleul, M. Bertaud, s'engagea à prévenir Jean-François de cette arrivée, que sa position de courtier le mettait à même de savoir promptement.

Mais n'y a-t-il pas dans la vie réelle de ces rencontres étranges, à tort peut-être attribuées au hasard, apparaissant comme le résultat d'une combinaison providentielle, et dont on est porté à faire honneur à l'imagination d'un romancier, alors que leur récit n'est, comme dans le présent cas, que la simple exposition d'un fait vrai?

Serait-ce qu'il existe entre individus secrètement liés à leur insu mutuel, par une relation commune quelconque, une affinité d'effluves qui, à un moment donné, les rapproche forcément, et complète de la façon la plus directe leurs rapports indirects pour en sortir le plein et entier effet décrété d'avance?...

Ainsi, dans une ville immense comme Constantinople, deux hommes, l'un à Bruxelles, l'autre à Marseille, ont connu Rosalie! or n'est-ce pas un prodigieux fait que celui qui les met l'un et l'autre en contact, de façon que Jean-François triant précisément entre des milliers d'autres le seul homme qui a vu sa maîtresse, a la chance de souper avec lui, et d'en tirer, à travers le casuel des propos de table, les renseignements qui lui sont à cœur?

Jean-François ne croyait pas au hasard; il pensait qu'il est en dehors de cette planète une hiérarchie des êtres, et que les humains ont des supérieurs immédiats dont la volonté borne le cercle de notre libre arbitre, alors que ce dernier serait de nature à compromettre par son rayonnement intempestif un certain but final dont le secret ne nous fut pas dit par la raison probable de notre infirmité hiérarchique. Ceci n'attente en rien à la liberté humaine, car cette liberté est toute morale. L'homme propose, cela suffit à sa liberté; son mérite ou son démérite résulte de sa résolution. Mais la disposition ne concorde pas toujours avec le propos; de là des mécomptes dont on se plaint sottement alors qu'il faudrait les accepter comme les décisions d'une sagesse supérieure, elle-même soumise au contrôle qu'exerce et bornée aux limites que lui fait une sagesse plus forte, subordonnée elle-même à un pouvoir plus haut, et ainsi indéfiniment. De sorte que, dans cette échelle hiérarchique des *Elohim*, l'homme représente la simple unité animique décuplée, d'une part, dans l'infiniment grand, de même qu'elle va se fractionnant à travers l'animal et la plante, sans terme aucun en haut ou en bas.

XXV

Deux jours après cette rencontre, Jean-François s'étant rendu chez son nouvel ami M. Dutilleul, celui-ci lui communiqua la lettre qui suit, adressée par son maître d'hôtel de Marseille :

« Hôtel de Phocide, Marseille, 8 avril 1852.

« Monsieur Dutilleul,

» Le jour de votre départ de Marseille, je reçus de
» Paris le mandat de cinquante francs, sur la poste,
» destiné à subvenir aux dépenses de la personne que
» vous m'avez recommandée.

» Cette demoiselle est restée chez moi jusqu'aujour-
» d'hui, et sa dépense s'élève déjà à vingt-huit francs
» cinq centimes.

» Comme je ne puis me charger de son entretien
» que jusqu'à concurrence de la somme déposée, je
» l'ai priée de s'arranger en conséquence, et elle est
» en ville chez des personnes de sa connaissance.

» Elle est arrivée à Marseille sans argent et sans
» passe-port. Son paquet est resté à Nîmes, où elle
» doit treize francs. J'ai écrit pour qu'on l'envoyât
» contre remboursement que je prélèverai encore sur
» vos cinquante francs. Elle a écrit à son endroit pour
» avoir le passe-port.

» Dites à la personne qui s'intéresse à elle d'en-
» voyer des fonds pour ses dépenses et son passage.
» On peut me les adresser, et si lorsqu'ils arriveront
» nous avions déjà trouvé moyen de la faire partir,
» je les tiendrai à la disposition de qui de droit; mais
» je crois qu'il sera impossible de l'embarquer sans
» argent.

» Lorsque j'aurai payé les dépenses les plus utiles,
» je vous écrirai de nouveau pour vous rendre compte.

» J'ai l'honneur d'être, Monsieur, votre tout dévoué
» serviteur.

» Delbosc. »

Saisi de trouble et d'embarras, Jean-François, qui était loin de posséder l'argent nécessaire, se décida à confier sa position au pacha, en lui racontant toutes les circonstances de sa liaison ; la dernière lettre adressée par Rosalie toucha surtout vivement ce digne Turc, qui ne fit aucune difficulté de favoriser le voyage de Rosalie en remettant à Jean-François la somme voulue ; celui-ci s'empressa de l'expédier par un mandat sur la poste, au nom de Rosalie, mis sous enveloppe à l'adresse du maître d'hôtel, avec prière de le retourner à Constantinople, à l'adresse de Rosalie (poste restante), au cas possible où celle-ci fût déjà en mer ; ce qui, en effet, se passa de la sorte.

A quelques jours de là il montait, avec Son Excellence, sur le vapeur autrichien, après avoir écrit à Rosalie la lettre qui suit, dont, à tout hasard, il laissa un double légèrement modifié, à la poste française, en y joignant l'en-cas d'une petite somme :

« Ma pauvre fille, mon enfant,

» Un grand hasard m'a fait rencontrer M. Dutilleul ;
» cet excellent garçon m'a tout raconté. Mais je te
» croyais en mer, lorsque ce matin il m'a montré une
» lettre de M. Delbosc qui lui annonce que tu n'as pu

» t'embarquer. Aussi, ma pauvre enfant, pourquoi ne
» suivais-tu pas mes conseils? Pourquoi partir ainsi,
» brusquement, sans argent et sans passe-port? J'ai,
» fort heureusement, réussi à me placer auprès du
» gouverneur de Widdin, et j'ai reçu une avance assez
» forte dont je t'envoie une partie ; j'ai remboursé
» M. Dutilleul. Ainsi pars immédiatement, et aussitôt
» arrivée à Constantinople viens me joindre à Widdin.
» Les bateaux du Danube, qui partent les mardi et ven-
» dredi de chaque semaine, t'y porteront dans quatre
» ou cinq jours.

» Dès ton arrivée ici, tu iras trouver la personne
» qui m'a donné de tes nouvelles ; elle demeure chez
» M. R., maison C., grande rue de Péra. En attendant
» ton départ, visite un peu la ville ; mais, prends garde,
» les rues sont étroites et mauvaises, on court le ris-
» que de glisser ou d'être heurté ; en tout, sois pru-
» dente comme je t'ai toujours connue. Ne mange pas
» de fruits, ils ne valent rien.

» Passe à la poste, tu y trouveras ma lettre et quel-
» que argent ; si tes fonds ne suffisaient pas, va, de
» ma part, trouver un de mes amis, Namik Effendi ; il
» ne refusera pas de t'avancer le surplus, que je lui
» rendrai plus tard ; il parle le français et c'est un ex-
» cellent homme ; il demeure tout près de Pacha-Ka-
» pousson ; une maison peinte en jaune ; je ne puis
» mieux te renseigner, car ici les maisons n'ont pas de
» numéros et les rues sont anonymes ; mais il est assez
» connu.

» A Widdin, tu demanderas la maison du gouverneur ;
» en turc : *Widdin Valossi.*

» Je t'avais bien dit que je tiendrais parole ; pour-
» quoi ce peu de confiance et ce brusque départ à mon
» insu ?... Mauvaise tête !

» Tu vois, ma pauvre chère enfant, que je fais bien
» pour toi tout ce que je peux. Prends patience, ma
» fille ; quelques jours encore et nous allons nous re-
» voir ; et ce sera pour ne plus nous quitter. Tu as
» bien souffert, ma petite Laly, mais aussi tu vas être
» heureuse, comme tu le mérites, car tu as traversé
» de rudes épreuves. Tout cela, heureusement, est
» fini. Ne désespère jamais, quoi qu'il arrive, et songe
» à moi.

» Adieu, mon cœur, à bientôt.

» JEAN. »

Le voyage ne fut marqué d'aucun incident qui vaille d'être rappelé.

Comme le pacha voyageait avec son harem, on avait disposé, sur le pont, un espace entouré de toiles où était parqué, à l'abri des regards indiscrets, un troupeau de gracieuses femelles appartenant à divers pays du globe. Un eunuque veillait à leurs besoins et épiait leurs allures.

On pouvait comprendre, parfois, aux sourcils froncés de cet important fonctionnaire, que son emploi était loin d'être une sinécure, dans les conditions déplorablement anormales où le mettait un tel déménagement ; il allait et venait, agacé, ahuri, déplacé comme un poisson dans un hippodrome.

Jean-François, dînant au plein air du pont, en tête-à-tête avec le pacha, et celui-ci tournant le dos à son harem que Jean-François avait en face, entrevoyait de temps à autre quelque jolie main constellée de bagues soulever, derrière Son Excellence, un pan de toile et faire jour à un regard curieux chargé d'un feu lascif. Il put ainsi constater quelques beaux visages mats ou roses, et, le plus souvent, de cette couleur dorée affectionnée par les peintres, que les Persans désignent par *kendumghioun* (couleur de blé) — d'où ardaient des yeux bruns phosphorescents de luxure; il s'attendait à entendre hennir ces femelles comme des cavales qui ont flairé l'étalon.

Aux endroits où s'arrêtait le bateau, dès qu'on eut pénétré dans les terres qui sont de la juridiction du pacha, les *mudirs* du lieu suivis des membres des medjliss (assemblées locales) venaient complimenter le pacha, qui disait en riant à Jean-François : « Boch qafalarini dolduralum ! » (Mettons quelque chose dans ces crânes vides !) Et, dans un discours très-développé, il leur commentait libéralement les articles du hatti-chérif et leur expliquait les intentions du sultan en essayant de leur en faire saisir, autant que possible, l'esprit et la portée. Sa tâche était difficile.

Dès qu'on fut en face de Widdin, le pacha revêtit son uniforme brodé d'or sur toutes les coutures, enfourcha son cheval blanc, et suivi de ses agas, qui se firent jour à travers la foule, il se dirigea vers le seraï des pachas de Widdin, immense baraque délabrée dont quelques réparations récentes avaient essayé, sans succès, de rendre une aile habitable.

La ville est serrée d'une fortification assez semblable à celle de Paris; percée de cinq ou six portes auxquelles aboutissent des ponts de bois conduisant aux faubourgs. Après avoir franchi la principale de ces portes, dite Stamboul qapoussi (porte de Constantinople), on se trouve livré à une série de voies tortueuses dont l'étroitesse n'est dissimulée que par le peu d'élévation des maisons. Des Turcs, des juifs, des Bulgares, accroupis sur des nattes, se laissent acheter des bottines jaunes ou rouges suspendues par grappes à la devanture; des justaucorps, des guêtres et des chausses brodés; des pipes, du tabac, des bonbons d'un aspect assez peu ragoûtant; des pelisses, des housses, de la quincaillerie viennoise; et, selon la saison, des melons, des pastèques, des raisins, du poivre rouge étalé par monceaux sur de larges plateaux, des aubergines, des figues sèches.

Quelques femmes turques, plus strictement voilées qu'à Constantinople et moins bien mises, traînent leurs babouches dans la rue avec une allure nonchalante et lâchée, ou prennent racine devant quelque étalage. Si l'on fait passer par là quelques militaires turcs qui, par le costume et les façons, diffèrent peu des *tourlourous* français; quelque paysan bulgare, à la tunique de peau d'agneau tatouée à l'aiguille de bizarres dessins verts et rouges; si l'on place un minaret dans le fond et qu'on plante par-ci par-là un maigre bouquet d'arbres; si l'on y remarque un puits à poutrelle qui a un faux air de potence, on aura une idée assez complète des rues et carrefours de Widdin. Leur ensemble forme un inextricable lacis où il est d'autant plus difficile de se reconnaître, qu'elles se ressemblent toutes singulièrement et qu'il faut une certaine habitude pour leur découvrir quelque signe particulier qui en distingue la physionomie.

Des maisons basses à toits plats, bornées à un rez-de-chaussée et, en tout cas, n'ayant jamais plus d'un étage; à fenêtres rares protégées de barreaux de bois ronds et croisés, si elles sont bulgares; de grilles en crible si elles sont turques; entrecoupées de jardins formés de hautes palissades disgracieuses, composent ces rues peu pavées et très-boueuses dont l'uniformité n'est dérangée que par la rencontre de quelque mosquée mal bâtie ou quelque fontaine sans eau.

Les villes turques n'ont pas de places, à moins d'un hasard particulier. Les Turcs, ne se promenant pas et n'ayant jamais de canne (la canne est à la promenade ce que les pincettes sont au coin du feu — et les penseurs et les poëtes seuls aiment à tisonner —), ne comprennent ni l'utilité ni l'agrément de ces espaces vides; et l'on ne saurait donner le nom de place à maints terrains vacants assez restreints où cinq ou six rues viennent aboutir en formant une sorte d'étoile dont un puits, qui fournit aux besoins du voisinage, forme le centre.

De tels carrefours se rencontrent fréquemment et coïncident d'ordinaire avec une mosquée ou une fontaine enjolivée de lettres et de fleurs en relief accentuées d'un peu de dorure et de couleurs effacées.

Jean-François remarqua en passant, à certaines devantures, des habits illustrés d'une façon splendide; des broderies d'or et de soie d'une richesse, d'une harmonie, d'un goût qui lui parurent témoigner d'un vif sentiment artistique. Il est à regretter que, par suite de circonstances diverses, — le motif religieux entre autres — et le défaut d'une culture suffisante, ce sentiment reste forcément en germe ou se borne à un développement partiel.

Jean-François trouvait, au surplus, que la sculpture des Turcs ressemble tout à fait à de la broderie; leurs artistes n'ont garde de fouiller profondément le marbre; leur ciseau n'en caresse guère que la surface; il y écrit de charmantes choses, mais qu'il faut voir d'assez près. La raison de ce relief superficiel est peut-être dans la nature et dans le nombre très-limité des objets de représentation licite. Des fleurs, des fruits, des arabesques ne comportent guère une saillie très-accusée; il est certain que l'art ogival a reçu une grave atteinte de cette restriction qui exclut de l'image, la figure humaine ou animale; restriction que ne favorise d'ailleurs aucun préjugé populaire, car les Turcs sont très-curieux de *pourtraicture*, et, depuis le gamin jusqu'au vieillard, tous poursuivent d'une attention aussi empressée qu'intelligente et bénévole les travaux des artistes fortuits qui les visitent; ils posent même avec une complaisance et une perfection d'immobilité des plus louables.

Forcée de s'exercer sur la ligne, en dehors des combinaisons toutes faites de la nature, Arabes, Turcs et Persans l'ont mise à la torture et ont réussi à lui faire parler un langage plein de *fioritures* dont le vague n'est pas sans analogie avec celui de la pensée musicale; car l'arabesque n'est-elle pas jusqu'à un certain point à l'œil ce que la musique est à l'ouïe?

XXVI

Jean-François prit possession de la chambre qu'on lui avait destinée et trouva parfaitement maussade cette pièce à murs blancs, sans table ni chaises, dont il essaya de corriger tant bien que mal la nudité ennuyeuse.

Ses occupations se réduisaient à peu de chose : quelques rares lettres à écrire au nom du pacha; quelques articles de journaux dont on lui demandait la traduction, constituaient toute sa besogne.

Il s'ennuyait à périr, cherchant toutefois à se consoler par l'espoir trop mêlé d'inquiétudes de revoir, sous peu, Rosalie.

Dans la prévision de sa prochaine arrivée, il arrêta

dans les faubourgs un logement qu'il se proposait d'occuper avec elle : il consistait en deux pièces bien éclairées, une cuisine et une galerie. Il fit recouvrir la terre battue, dont est doublé le plancher, de nattes de jonc ; il y installa un large divan recouvert d'indienne à fleurs ; fit repeindre à la chaux les parois et y appliqua quelques vieilles gravures, posa des rideaux, mit un tapis dans la chambre de prédilection ; se procura lit, table et chaises, et ustensiles indispensables ; mit un drap rouge sur la table sise au-dessous d'une glace étroite ; se fit faire une armoire de bois blanc sur laquelle il dressa un superbe plat chinois acheté pour rien dans le bric-à-brac de Widdin, ainsi qu'un beau grand flacon de cristal à fleurs dorées. — Et il attendit.

Son unique société était le pacha. Ce digne fonctionnaire, qui lui témoigna toujours l'estime la plus bienveillante, était un vieillard d'humeur parfaitement égale, d'une gaieté constante, de manières distinguées, d'esprit un peu léger, mais d'affabilité extrême ; plus érudit qu'instruit.

En somme, bien qu'il fût légèrement avare et un tantinet égoïste, Jean-François n'eut qu'à se louer de lui.

Mais le milieu dans lequel il lui fallait vivre lui était insupportable ; et l'intensité de son ennui, joint à ses préoccupations, empêchait tout travail sérieux capable de le distraire. Il faut en effet pour travailler un certain ressort moral, que chez Jean-François toute sorte de circonstances frappaient alors de paralysie ; de sorte qu'il tournait dans ce cercle vicieux, dont il n'entrevoyait pas l'issue : ennui pour cause d'oisiveté, oisiveté pour cause d'ennui.

Ainsi, sa besogne faite, il se répandait dans la ville, où la nouveauté des objets offerts à la vue compensait mal les impressions tristes qui naissaient de leur étrangeté ou de leur barbarie.

Par cette tristesse qui tournait à la nostalgie, quelques années d'un pareil séjour lui semblaient l'extrême limite de la pénalité rigoureuse.

La vue des femmes turques, aussi voilées que possible à Widdin, l'affectait désagréablement. Et de fait, rien d'impatientant, à la longue, comme la rencontre répétée de ces physionomies illisibles, de ces formes dissimulées.

Grâce, il est vrai, à cet uniforme discret, le sexe faible et timide fait ses farces avec un aplomb qu'encourage l'impunité ; laquelle serait complète si la vertu chancelante n'était aussi sous la protection officielle des kawass, des zabtiés, et en outre de tous les voisins.

Néanmoins, il est étrange que les facilités procurées aux intrigues par cette mascarade habituelle n'aient pas frappé les Turcs.

Mais, à la vérité, les Turcs sont-ils bien les terribles jaloux qu'on nous dit? Eh non! — Beaucoup même, assure-t-on, — j'entends de ceux de la haute classe, se sentant incapables d'assiduité conjugale, laissent à leur moitié une liberté dont ils usent eux-mêmes fort largement. Et il n'est pas rare de voir quelque garçon bien bâti *faire le harem* (c'est l'expression consacrée) de son seigneur et maître, sans préjudice à maintes intrigues externes et comme un en-cas pour aviser au plus pressé.

En outre, certains maris, à ce qu'on prétend, ne s'irritent guère qu'alors qu'ils sont *minotaurisés* par quelque individu de leur âge et de leur barbe. Si c'est un imberbe jouvenceau qui les remplace, ils n'en sont presque pas fâchés; il y a plus, ils supportent très-bien cette légèreté. Cela tient, il se peut, à ce qu'en Orient Vénus est hermaphrodite, et que la beauté y est bi-sexuelle, sous simple condition de jeunesse [1].

Les rigueurs de l'orthodoxie musulmane se sont beaucoup relâchées à Widdin comme ailleurs, et il est assez fréquent de voir des femmes causer en pleine rue, — quoique à la dérobée, — avec des hommes. Ainsi cet indigne Jean-François, tout au plus excusable par l'atrocité de son ennui, eut-il un jour dans une rue écartée avec mademoiselle Elmas (Diamant), accompagnée de sa vénérable mère, une conversation secrète que Laly (pauvre Laly!) eût formellement désapprouvée.

Au hasard de ses promenades, Jean-François rencontra un tombeau entouré d'une grille de fer doré dont la richesse le frappa. On lui dit que c'était la sépulture du précédent gouverneur de Widdin, le fameux

---

[1] Pour le signe brun qui marque à la joue ce jeune Turc de Schyraz, je donnerais Samarcande et Boukhara! (HAFYZ.)

Hussein-Pacha, l'exterminateur des janissaires. — Lorsque, sa besogne faite, il se présenta à Mahmoud : « Eh bien, lui dit le sultan, j'espère qu'il n'en reste plus. — Seigneur, il en reste encore deux. — Ah ! lesquels ? — Votre Majesté et moi. » Il était en effet d'usage que les sultans fussent inscrits dans quelque compagnie de janissaires. C'était un homme de haute taille qu'Hussein-Pacha, carré d'épaules et rond de ventre, à face écarlate, buvant par jour sa pinte d'eau-de-vie et s'en trouvant bien. Il s'était fait négociant sur ses vieux jours, sans cesser d'être pacha, et il usait de ses avantages. Aussi devint-il richissime. Il n'avait pas de scrupules, et s'entendait aux affaires, qu'il simplifiait terriblement.

Quelques tombes hors cimetière, formant un groupe isolé dans la campagne, ayant attiré l'attention de Jean-François, il apprit que c'était la sépulture d'un mari et de ses quatre épouses, et crut qu'il s'agissait d'un Turc ; mais point : les tombes étaient bulgares ; les épouses au lieu d'être simultanées avaient été successives : c'était un beau chiffre. Aussi bien l'Église grecque, qui ne donne pas toute la latitude désirable à cet égard, laissa-t-elle à la fin éclater son mécontentement lorsque cet indécent bonhomme, après avoir *consommé* sa quatrième épouse, manifesta l'intention coquette de convoler en cinquièmes noces. — C'était un abus du sacrement ; ainsi du moins en jugea le vladikâ, qui refusa obstinément sa sanction. Mais l'autre ne se tint pas pour battu. Ce vieillard sans préjugés alla trouver un imam, et, grâce à quelques piastres glissées à propos dans la conversation, vint à bout de lui persuader de l'unir à la turque avec sa future. Ainsi fut-il fait. Ce bon musulman les maria avec beaucoup de soin, et les bénit du mieux qu'il put. Ils vécurent assez heureux, mais n'eurent pas beaucoup d'enfants.

Et, à propos de sépulture, dès qu'un Bulgare est mort, son épouse rassemble ses amies autour du cercueil, et là, toutes se mettent à glapir avec force sur un rhythme lugubre ; cela dure une heure. Dès que la chose commence, il est sage, si l'on se trouve dans les environs, de prendre sa canne et son chapeau et de se transporter à quelques lieues plus loin. On ne saurait décrire l'effet de ce chant pleuré ou de ce pleur chanté, de ces nénies, lorsque le mort a affaire à des femmes pénétrées du sentiment de leur devoir et décidées à user de tous leurs moyens : c'est à devenir sourd comme un pot.

Le mort est porté en terre, à visage découvert, et, coutume qui a quelque chose de touchant, la tête soutenue par sa mère ou sa femme, ou, à leur défaut, par le parent le plus proche.

A certains jours de l'année, les femmes bulgares ont la coutume païenne d'aller faire des libations sur les tombes des parents. On y brûle de l'encens, on y répand du vin, on y dépose du riz et des gâteaux, en s'arrachant du gosier un cantique lamentable ; et rien de plus attendrissant, parfois, que ce funèbre tête-à-tête, coupé de sanglots et trempé de larmes.

Dans le but de se distraire autant que possible, Jean-François hanta les cafés et chercha à faire violence à la taciturnité musulmane. Ces Turcs graves et polis ne fuyaient pas le mot pour rire ; mais Jean-François fut fort surpris de s'entendre raconter en turc des facéties qu'il avait cent fois, étant enfant, ouïes en patois dans les veillées du Midi et où les Auvergnats figurent invariablement dans un rôle de Jocrisse. A Widdin, ces anecdotes se rapportaient à Nasreddin-Khodja, sorte de personnage bouffon dont le souvenir est entouré d'une vénération joyeuse, et auquel on prête toute sorte de facéties à la *Roquelaure*. Le recueil imprimé forme un gros volume. Voici un de ces bons mots :

A un repas de noces, son voisin de table ayant dans un moment d'oubli laissé fuir piteusement un bruit d'une qualité déplorable, par quoi le rouge lui vint au visage, fit des efforts louables pour trouver, au moyen d'une toux artificieuse, une assonance qui rimât assez richement avec le bruit incongru pour se l'assimiler et donner le change sur sa nature. Il croyait à un « succès d'estime », lorsque le kodja se penchant à son oreille : *Sessi eï benzettun amma qoqoucini nè iapadjaqsen ?* « Tu as parfaitement déguisé le bruit, mais comment t'y prendras-tu pour déguiser le fumet ? »

Un jour que Jean-François demandait, si, par la liberté absolue dont jouissent les milliers de chiens qui peuplent les rues, les cas de rage n'étaient pas fréquents, il lui fut répondu qu'ils étaient fort rares, mais que, le cas échéant, on avait un remède sûr. Voici en quoi il consiste :

Lorsque — ce qui n'a pas toujours lieu — il survient au gosier de la personne mordue une excroissance particulière, il la faut extirper radicalement du jour de l'accident; inclusivement on compte quarante jours, et l'essentiel est d'empêcher la personne mordue de dormir la nuit du quarantième jour. Comme son salut dépend de son insomnie, on ne néglige rien pour procurer ce résultat. Donc, dès le crépuscule, on organise un splendide bacchanal destiné à agacer la fibre du malade et à le tenir en éveil; ce qui n'est pas, à ce qu'il paraît, sans difficulté, car une somnolence toute particulière menace de l'envahir.

Sous les éclats des timbales et le piaulement du fifre, on le promène par les escaliers, qu'on lui fait monter et descendre; s'il fait mine de s'assoupir, on le taquine avec zèle, on le pince jusqu'au sang, on marche sur ses cors, on l'accable de gifles avec une persévérance qui réussit d'ordinaire à mettre en fuite le sommeil.

Le donneur de recette assurait avoir eu deux parents très-mordus guéris de la sorte. Il y a un autre moyen beaucoup plus fantastique : on partage dans le sens de la longueur la bête dont on a eu à se plaindre; on la jette sur un grand feu, et pendant qu'elle se consume, il faut enjamber le tout à trois reprises. Cette fumigation coupe court à toute suite fâcheuse. Les Turcs ne conservent aucun doute à cet égard.

Quoi qu'il en soit de l'efficacité de ces moyens curatifs, Jean-François fut témoin oculaire d'un fait au moins aussi bizarre. Un des agas du pacha avait depuis longues années les mains entièrement couvertes de verrues dégoûtantes. Un derviche qui se piquait de médecine fut appelé; il arriva avec une poignée de grains d'orge et un rognon de bœuf. Après avoir promené un grain d'orge sur chaque verrue et avoir soufflé sur la main, il fit du rognon une pelote, où il piqua autant de grains d'orge que de verrues à la main; après quoi il alla enterrer le rognon. « Quand il sera pourri, dit-il, les verrues auront disparu. » Au bout d'un mois, les deux mains étaient parfaitement nettoyées.

Tous les jours de fête, les Bulgares, hommes et femmes, se réunissent dans quelque jardin, ceux du despote ou vladika, d'ordinaire; et ils y dansent (*khôra teperler*).

Les hommes se mêlent parfois à ces danses; mais le plus souvent les femmes dansent entre elles, les hommes entre eux. Ceci est d'autant plus bizarre, que les longues pelisses fourrées qui leur battent les talons semblent peu faites pour favoriser le développement d'attitudes gracieuses.

Au reste, ces danses, qui n'ont rien d'animé ni de voluptueux, consistent en *rondes* où tout le monde se tient par la main, et qui s'exécutent à petits pas sur un air traînant qu'accompagnent les violons.

Quelquefois les femmes dansent en chantant des

chansons qui roulent sur l'amour, mais sans doute un amour parfaitement vexé, à juger par l'expression.

Jean-François assurait que ce chant, dont il ne comprenait pas les paroles, l'avait étrangement frappé : c'est un gémissement plutôt qu'un accent joyeux ; on dirait d'une âme mise à la gêne dont la voix, doucement aiguë, se plaint de ses langueurs et vagit innocemment après quelque objet abstractif vaguement aperçu dans le clair-obscur de l'esprit. Il semble qu'on démêle en cet air, après une crise et en une trêve de la peine, comme un peu de confiance timide ou de bonheur, et la douleur sentie de quelque joie modeste jointe à la peur de sa disparition.

A quel idéal aspirent ces chants? Quelle poésie se peut extraire de la monotone existence des femmes bulgares?... Qui sait! — Jean-François croyait démêler encore dans ces airs un tendre amour soupiré qui fréquente les cachettes et subit la peur du mâle (*timor domini*), qui souhaite ardemment l'expansion et la redoute; histoire jeune et vieille de l'amour, là et partout.

Les femmes bulgares aisées sont costumées richement; outre l'or qu'elles portent au cou, les fourrures, les draps fins et la soie de toute couleur sont mis à contribution pour leur faire un habillement. Des jupes en satin rose ou bleu, en soie écarlate, gorge-de-pigeon, vert-d'eau moiré; des vestes brunes, jaunes, violettes, orangées, incarnat ou bleu céleste, font de la réunion dans un pré de plusieurs femmes un ensemble ravissant pour l'œil d'un coloriste. Diaz en tirerait un beau parti. Avec tout cela, elles sont fagotées. La coiffure grecque, si charmante, se dénature sur leurs têtes. Leurs pelisses et leurs vestes ont de prétentieux collets qui leur coupent les oreilles. Ces infortunées n'ont pas le sentiment de la ligne.

Chez quelques jeunes filles bulgares, les cheveux sont tressés d'une adroite façon, mais très-complexe, et forment, appliqués autour du front, une sorte de guipure noire d'un joli effet. Beaucoup ont les cheveux divisés en une foule de petites tresses qui tombent derrière la tête; mais ceci est plus particulier aux filles de la campagne; celles-ci, d'ailleurs, y ajoutent une multitude de petites pièces d'argent mêlées à de la verroterie, et sous lesquelles les tresses disparaissent. On dirait de plusieurs qu'elles ont une calotte formée d'écailles d'argent.

Les filles paysannes ont moins de couleurs et plus de dessin dans leur habit. C'est grossier, mais c'est d'une belle ligne; leur jupon bigarré ne dépasse pas le genou; elles ont par-dessus une courte dalmatique en laine blanche, à manches courtes, bordées de larges bandes rouges et bleues; le bras s'échappe tout nu de ces manches, et divers bracelets bizarres le serrent au poignet; la main est d'ordinaire très-propre et soignée, chargée de bagues. Un petit bouquet de soucis surmonte chaque oreille; en hiver, ces fleurs sont remplacées par des fleurs artificielles, disposées avec assez de goût chez quelques-unes. Autour du cou, elles portent quantité de pièces d'or ou d'argent. C'est peut-être leur dot ajustée en ornement, mise ainsi à même de fortifier directement leurs appas; l'argent domine chez les moins riches, et ce n'est plus alors seulement un collier, mais une sorte de pectoral qui va depuis le cou jusqu'au milieu du sein, sans espace vide; une épingle n'y passerait pas; il a fallu deux ou trois écuellées de zwanzigs ou de zolotys pour le composer. Aussi font-elles, quand elles hâtent le pas, un bruit de postillon lancé à fond de train, qui remémorait à Jean-François ces vers du poëte persan :

> Boudym der intizar ba ghirih u ah;
> Bénichesté be rah k'oz reh naghiah,
> Awazi halli vé banki khalkhal amed,
> Iani : h' yzid ki an.ed on tchardè mah!

« Nous attendions avec des larmes et des ah! assis
» sur la route, quand, du fond du chemin, soudain nous
» parvint la voix des colliers et le son des bracelets,
» c'est-à-dire : Levez-vous, car elle apparaît cette pleine
» lune! »

A Widdin, comme partout en Turquie, les boutiques des artisans qui exercent une même profession sont réunies au même lieu; les kurkdji (pelletiers) avec les kurkdji, les abadji (tailleurs de la grosse étoffe) avec les abadji, etc. Ces divers corps de métier ont chacun un chef revêtu d'une certaine autorité sur ceux du même métier. Tous les dix ans (ceci est particulier à Widdin), on confère la maîtrise aux apprentis, et il se donne à cette occasion une grande fête qui dure quinze jours, précédés de quinze jours de préparatifs durant lesquels tous les artisans s'absorbent dans la confection des fusées et autres pièces d'artifice.

Jean-François était chez le pacha lorsque les douze plus vieux chefs de corporation vinrent inviter Son Excellence au festin décennal des artisans, et appuyèrent leur invitation d'un présent consistant en deux fers, deux savonnettes et deux cure-dents, don auquel le pacha répondit par l'envoi d'une certaine quantité de moutons. La semaine après, deux mille hommes, sans distinction de race ou de religion, tous vêtus uniformément de vestes et de chausses du plus beau rouge, dînèrent ensemble dans une vaste prairie située sur les bords du Danube. Ils s'étaient précédemment présentés à plusieurs reprises au seraï du pacha, rangés sur deux files. L'imam récitait de courtes prières, auxquelles les assistants répondaient : « A'amin ! » et qui se terminaient par un *Iacha soultan!* accompagné du salut turc, très-gracieux et d'un bel effet, exécuté simultanément par deux mille hommes.

Entre autres objets hissés au bout d'une perche figurait, comme personnification de la forteresse, un mannequin en carton, les joues enflammées de vermillon, et portant un canon de papier sous chaque bras.

La prière et les répons ne manquaient pas d'un certain caractère solennel et sérieusement touchant que gâtèrent les gambades intempestives et les mouvements obscènes de bohémiens déguisés en singes, se houspillant à coups de vessies ajustées à un bâton.

Après le festin, il y eut des danses de keutcheks, jeunes garçons à longs cheveux qui, soit dans les cafés, soit à domicile, exécutent des danses lascives, et par leurs poses, leurs gestes, leur allure, dessinent une étrange Vénus. Il n'est pas besoin de dire jusqu'où vont leurs complaisances. On peut observer à ce propos que les Turcs ont parfois des préférences fort humiliantes pour le beau sexe. Ainsi, les bains de Trébizonde sont desservis par de jeunes Géorgiens d'une rare beauté. Ces bains, ouverts nuit et jour, obtinrent, à une certaine époque, une telle vogue, que nombre de femmes, outrées de la conduite de leurs époux, rédigèrent une pétition collective tendante à la fermeture nocturne de cet odieux établissement et la présentèrent au pacha, qui fit galamment droit à la requête; et désormais les maris ne découchèrent plus.

XXVII

Cependant plus d'un mois venait de s'écouler, durant lequel Jean-François cherchait, quoique inutilement, à faire diversion à son ennui par des courses sans but à travers Widdin; il en revenait de plus en plus morne, car il en rapportait la conviction désolante de l'impossibilité absolue d'établir jamais une relation d'amitié avec des environs aussi maussades; de vivre dans des circonstances si complétement étrangères à tout son passé, si contraires à ses habitudes et à ses goûts.

Mille inquiétudes venaient d'ailleurs l'assaillir au sujet de Rosalie, dont son isolement lui faisait souhaiter l'arrivée avec une intensité de désir qui n'a guère d'analogie que dans la soif dévorante en quête d'une source vive.

Toutes les difficultés qui l'avaient arrêtée lui auraient-elles enfin livré passage? l'argent adressé de Constantinople aurait-il trouvé Rosalie à Marseille? et au cas que non, aurait-on eu soin de le lui renvoyer? aurait-elle eu la patience ou la prudence de l'attendre à Constantinople? Cet argent ne se serait-il pas égaré ou perdu dans le va-et-vient? le bateau qui amènerait sa maîtresse arriverait-il à bon port?... L'imagination active de Jean-François le préoccupait de mille éventualités désastreuses dont sa Rosalie était la triste victime. Enfin, après avoir calculé toutes les chances possibles de retard, il se fixa un jour où, au cas que les choses se passassent selon ses prévisions et hors le cas d'accident, Rosalie devait nécessairement lui être amenée par le bateau.

Ce jour attendu avec anxiété arriva.

C'était un dimanche; le soleil était splendide.

Dès que les portes furent ouvertes, Jean-François

courut au Danube et se dirigea vers les bureaux de l'Agence; il était pâle comme un mort; son cœur battait à tout rompre. O joie subite! — Vingt pas le séparaient encore de l'Agence quand la porte s'ouvrit et Rosalie parut; elle portait la robe d'indienne qu'il lui avait achetée à Bruxelles; elle tourna la tête à son cri et le reconnut sous le fez qu'il avait adopté; aussitôt elle s'élança... et l'on pense quelle fête! Il la trouva changée. Attaquée par les rayons du soleil provençal, Rosalie arrivait aussi brune qu'un bronze florentin; mais l'ardeur de la santé perçait sous cette couche de hâle, aussi vive que la joie qui flambait dans ses yeux.

Elle marchait radieuse et fière au bras de Jean-François, dont elle passa pour la femme en le suivant au logement qu'il lui avait préparé. Elle trouva tout superbe. Le fait est qu'elle ne voyait rien autre que Jean, son bien-aimé Jean, et n'accordait qu'un coup d'œil distrait à *ses accessoires*.

Il la laissa un moment, pendant qu'elle s'installait, pour aller au seraï, d'où, après avoir averti le pacha du joyeux événement, il fit emporter le reste de ses effets. — On déjeuna comme on put, c'est-à-dire assez mal, mais au surplus l'extrême joie favorise peu l'appétit; ils avaient d'ailleurs tant de choses à se dire!... Ce n'étaient que questions désordonnées et réponses décousues, scandées d'embrassades; tous deux étaient parfaitement incapables en ce moment-là, agités par la fièvre et les transports de cette joie, Jean de questionner, Rosalie de répondre, et l'autre d'écouter d'une manière raisonnable et suivie. Ne les dérangeons pas de leur béatitude. Voici le récit détaillé, mais succinct, de ce voyage, tel qu'il sortit plus tard de la bouche de Rosalie, tel que Jean-François le répéta dans une lettre :

A peine arrivée à ***, poussée par son impatience, elle ne put se résoudre à y attendre la réponse de Jean-François : « Autant de perdu! » pensait-elle. Elle s'accorda trois jours pour faire quelques petits bonnets. Puis, ayant confié son paquet à la diligence qui qui fait le service de *** à ***, elle se met en route à pied par un ardent soleil de juillet, et après huit heures de marche elle entre dans la petite ville de ***, chef-lieu de l'arrondissement, et se rend à l'hôtel où débarque la voiture. Elle y prend des informations sur le coût du trajet jusqu'à Rhodez. – C'était sept francs, qu'elle n'avait pas, étant bravement partie avec cinquante sous en poche. Sur l'intention qu'elle manifeste de faire encore la route à pied, on lui remontre les difficultés de la chose. La maîtresse de l'hôtel, qui, après une longue causerie dans laquelle Rosalie lui apprend qu'elle va rejoindre son mari à Marseille, lui devient bienveillante, la propose à son frère, maître et conducteur de la voiture qui va à Rhodez. Le frère consent à l'y porter gratuitement.

Ce brave homme, à leur arrivée, lui indiqua un hôtel où il la recommanda et où, grâce à cette recommandation, on la tint quitte de sa dépense moyennant quatre sous.

Il s'agissait d'aller à Nîmes. Et, comment se procurer les treize francs indispensables pour ce trajet? Elle obtint, il est vrai, une réduction de trois francs; mais ce qui restait suffisait à son embarras.

C'est ici que la pauvre enfant fit preuve d'une cruelle énergie. Elle eut le triste courage, elle eut l'effronterie sublime de mendier çà et là les quelques francs qu'il lui fallait, espérant amasser sou par sou la somme exigée. Elle obtint ainsi environ trois francs.

Malgré l'insuffisance de cette somme, elle monta en diligence. Arrivée à un relais où l'on changeait de voiture, et sommée de payer, elle demanda et obtint de payer seulement à Nîmes. Une fois, là les difficultés recommencèrent. On retint son paquet, sans égard à sa promesse d'adresser l'argent de Marseille.

A Nîmes elle brava la même honte qu'à Rhodez, obtint cinq sous par-ci, dix sous par-là. Un prêtre, à qui elle s'adressa, lui demanda si elle avait quelque parent dans les missions à Constantinople, et, sur la réponse faussement affirmative, lui remit quarante sous en s'excusant de ne pas donner plus. Mais la place au chemin de fer jusqu'à Marseille coûtait sept francs. Le directeur, auprès de qui elle intercéda, beaucoup moins bienveillant que celui du chemin d'Orléans, ne vit aucune difficulté à lui refuser tout net le passage gratuit. Elle détacha ses boucles d'oreilles et reçut en échange cinq francs d'un employé, grâce auxquels elle put payer son billet; — mais elle laissa son paquet. — De plus, elle le perdit en chemin, ce malheureux billet, et ne fut pas peu embarrassée quand on le lui réclama au débarcadère. Cependant, les voisins ayant affirmé l'en avoir vue nantie, un employé arrangea la chose et même eut la complaisance de l'adresser à un hôtel en rapport avec ses pauvres moyens.

A sa descente de l'omnibus, elle courut au port, dont la vue ne l'étonna pas. Elle s'était fait de la mer une idée plus étrange et plus grandiose.

Mais, à tous les bureaux où elle s'adressa, on lui parlait de sommes prodigieuses; des 60 fr., 80 fr., 100 fr.!

Toutefois elle obtint, à un bureau, de ne payer qu'après l'arrivée : ce qui était un grand point, ce qui était tout.

Elle fut tristement arrêtée par le manque du passeport indispensable dont, dans sa hâte, elle avait négligé de se munir; elle n'avait pour toute recommandation que sa misérable feuille de route. Elle eût, sans cela, pu partir le jour même sur un bâtiment qui se disposait à quitter le port, et, en cas de bon vent, elle fût, selon son propos, arrivée à Constantinople presque en même temps que Jean-François. C'est alors qu'elle fit, à l'hôtel, connaissance de M. Dutilleul, qui, ayant un frère réfugié comme Jean-François, lui fut, pour ce motif, et sans préjudice à l'intérêt particulier qu'inspirait sa malheureuse situation, assez sympathique pour lui avancer cette somme, que Jean-François lui restitua comme on sait. Il l'invita même à dîner et s'amusait de ce vif appétit développé, hélas! par tant de privations, car la pauvre petite ne mangeait pas à sa faim.

Mais Dutilleul, qui se rendait lui-même à Constantinople, partait deux jours après par le bateau à vapeur, non sans l'avoir recommandée à un de ses amis.

Rosalie avait prié sa mère, par une lettre pressante, de lui adresser le certificat voulu pour un passe-port à l'étranger. Elle attendait, et passait tous les jours plusieurs heures aux bureaux de départ.

Les cinquante francs avancés par Dutilleul se dépensèrent rapidement, grâce à l'ignoble rapacité du gargotier phocéen, qui, tout en prélevant trois francs par jour, lui donnait à peine de quoi se nourrir.

Elle fit, au restaurant de cet hôtel, la rencontre d'une personne à qui elle voua une vive et sincère reconnaissance. C'était un jeune homme d'un caractère triste, d'une mise négligée; il avait des peines de cœur qu'il conta, et que Rosalie était faite pour comprendre. Quant à lui il s'intéressa si fort aux cruels embarras de Rosalie, qu'il lui offrit de dégager son paquet resté à Nîmes où il se rendait, et de le lui renvoyer; ce qu'il fit en effet. Il la força d'accepter une trentaine de francs offerts avec tant de délicatesse et de générosité, que Rosalie en avait de douces larmes aux yeux. — Il y a heureusement dans l'humanité, à côté d'ignobles caractères, de nobles âmes qui la relèvent et la glorifient. C'est à la rencontre de pareilles exceptions que Rosalie dut d'accomplir son voyage.

Ayant enfin reçu à propos le certificat demandé, elle obtint, sur l'attestation complaisante de deux employés des bureaux de départ, un passe-port pour l'étranger, grâce auquel son départ se facilitait à certains égards. Dans ces bureaux, où elle était assidue, on la recommanda à un capitaine illyrien qui voulut bien se charger d'elle, lui laissant la faculté de payer seulement à l'arrivée.

Rosalie, qui avait hâte de se trouver en mer, s'embarqua un jour avant le départ, et fut immédiatement saisie du mal de mer qu'elle conserva, avec des intermittences de bien-être, durant toute la traversée.

Le vent, très-favorable le premier jour, et qui, s'il se fût maintenu, les eût portés en huit jours à Constantinople, se dénatura les jours suivants et leur fit perdre au moins toute l'avance.

Le bâtiment tournait sur lui-même, «voltigeant comme un papillon,» disait Rosalie, sans pouvoir franchir la limite que lui assignait le vent. Une horrible tempête ne tarda pas à se déclarer : l'eau pénétrait dans le navire par toutes les voies ouvertes; Rosalie se cognait la tête à tous les angles; elle voyait avec effroi des navires prochains tantôt bondissant au bout des vagues, tantôt jetés sur le flanc, prêts à balayer la mer de leurs voiles. Enfin cela se calma.

Le capitaine, que le courage et les sentiments de Rosalie émerveillaient, s'était mis à ses petits soins; elle mangeait à sa table et l'accompagnait quand on allait dîner d'un navire à l'autre, ce qui avait lieu fréquemment. Mais Rosalie était humiliée de sa mesquine toilette. On s'arrêta, entre autres, à Milo, et Rosalie parla souvent avec enthousiasme des excellents fruits qu'elle y goûta. La bonne humeur de Rosalie égayait le bâtiment, et, grâce aux fermes recommandations du capitaine, qui maintenait à son bord la plus sévère discipline, on avait pour elle non moins de respect que de complaisance; enfin, au bout de vingt-huit jours, on débarqua à Constantinople, et M. Bertrand, à qui Jean-François avait recommandé Rosalie, vint la prendre à bord du navire, et lui remit une lettre de Jean-François, qui confirma au capitaine l'exacte véracité des paroles de Rosalie. Il ne voulut d'aucun argent, et la pria d'accepter une bague de petite valeur, en souvenir de lui.

Rosalie, sur le conseil de M. Bertrand et de Dutilleul, qu'elle fut charmée de revoir, et qui lui confirmèrent le départ de Jean-François pour Widdin, se résigna à attendre à Constantinople le retour de l'argent adressé à Marseille. Cet argent lui revint, et, la place payée jusqu'à Widdin, il lui restait encore une centaine de francs qu'elle rapportait à Jean-François.

A une station sur la mer Noire, le bateau rencontra le bâtiment qui avait amené Rosalie à Constantinople. Le capitaine vint à bord du bateau voir et complimenter Rosalie. — « Si vous saviez, lui dit-il, comme on vous regrette, et comme nous sommes tous tristes depuis votre départ! Après vous nulle autre femme ne montera à bord. » Il la quitta en la chargeant de compliments pour Jean-François, qu'il regretta de ne pas connaître.

Notre ami lui écrivit à l'instant à Livourne une lettre de vifs remercîments, et en reçut la lettre suivante :

« Livorno, il 27 decembre 1852

» Caro amico,

» Quest' oggi mi proviene la cara vostra della quale
» con piacere intesi il contenuto, come pure il vostro
» buon' essere unitta la signora Rosalia. Molto mi rin-
» chresce que la suddita lettera non potevo avere à
» Constantinopoli, ma per altro i miei amici mi l'hanno
» inviata ; anche molto mi rinchresce di non aver avuto
» il piacere di fare la vostra conoscenza, ma chi sa che
» un giorno non potremo a trovarsi.

» Io parto daqui per Inghiltera, e d'Inghiltera sarò
» di ritorno, spero in Dio, per Constantinopoli fra 4 a
» 5 mesi, ove mi sara grato di sapere il vostro stare
» come pure della signora Rosalia, laquale avrei gran-
» dissimo piacere di rivederla un' altra volta.

» Per momento non mi resta altro che salutarvi
» unitta la vostra consorte Rosalia, e prego di dire li che
» si ricorde di quelle risade che facevimo per viaggio.

» Col desiderio d'un giorno rivedervi al seno delle
» vostre famiglie vi saluto di nuovo.

» Vostro amico,

» M.........ich,
» cap° brik aus°°, *Francesca-Giuseppina.* »

XXVIII

« Enfin nous voici réunis ! dit Jean-François quand Rosalie eut fini de parler ; et cette fois pour ne plus nous séparer, » ajouta-t-il avec un espoir audacieux, que l'avenir devait défaire.

Il avait à redouter, entre autres calamités, que ses parents ne vinssent à connaître, à leur vive douleur, cette circonstance de sa position ; néanmoins, le fait de l'itinéraire accompli par Rosalie, sans autre ressource que son énergie, paraissait tellement en contradiction avec le vraisemblable et était tellement en dehors du cercle des faits usités, des idées parcourues dans la petite ville natale de Jean-François, qu'il semblait défier la supposition, et, qu'au cas qu'un soupçon vînt à côtoyer la vérité, il serait écarté comme absurde.

Les parents de Jean-François menant une existence très-retirée, vivaient d'ailleurs dans un monde tout autre que celui de Rosalie, dont ils n'avaient ouï parler que par le fait de sa liaison avec leur fils.

Quant à l'avenir probable de cette liaison, Jean-François en était venu à se demander très-sérieusement si son union avec cette grisette si dévouée, quoique peu lettrée, n'offrait pas autant de garanties de bonheur non moins solides que tout autre mariage bâclé à la hâte avec une inconnue. Mais, au surplus, était-il, lui, vraiment en position d'espérer une de ces unions de tout point favorisées qu'on appelle « un bon mariage? » Au retour de son exil — en cas de retour — les cheveux plus ou moins gris du pauvre diable trouveraient-ils, au débotté, une noble et riche fiancée qui lui tiendrait tout prêt un cœur d'or et une dot assortie qu'elle serait heureuse et fière de déposer à ses pieds? Jean-François n'était pas si optimiste que cela vis-à-vis de lui-même.

Au surplus, même avec cette certitude dorée, il est plus que probable que son affection et sa reconnaissance, très-motivées, pour Rosalie, l'eussent détourné de tout parti qui eût impliqué son ingratitude. Notre ami, d'ailleurs, était tenté de voir quelque chose de providentiel dans la réussite de sa maîtresse, et, en outre, condition dont on se préoccupe, en général, assez peu, les qualités morales de Rosalie, l'énergie déployée par elle faisaient présumer à Jean-François, pris depuis quelque temps d'un vif désir de paternité, une progéniture vigoureuse de cœur et d'esprit, produit heureux d'une combinaison de deux substances attirées par une si étroite affinité de l'ordre purement moral.

Il entrevoyait bien des obstacles à ses projets, mais, sans même tenir compte de son penchant, ces projets, tels quels, lui semblaient encore le parti le plus raisonnable, le plus utile, comme aussi le plus humain.

Les sacrifices de Rosalie ne se bornaient pas, d'ailleurs, au brusque abandon du pays et de la famille; c'était un dévouement de tous les jours. Ne se trouvait-elle pas, par sa propre impulsion, jetée dans la plus horrible ville qui soit au monde, en un pays lointain dont les divers idiomes lui étaient inconnus et où, pour se faire une amie — en cas qu'une amie y fût possible — ou tout au moins une connaissance, il lui fallait d'abord acquérir, tant bien que mal, un des idiomes ardus que l'on y parle, et se déshabituer de ce joli patois qui seyait si bien à ses lèvres; ou, réduite à l'unique affection de Jean-François, vivre entièrement isolée, d'ailleurs, au milieu de gens si dissemblables des gens fréquentés par elle jusqu'alors, dont les mœurs, les habitudes, les allures, non moins étranges que la langue, étaient si bien faites pour inspirer à une jeune fille tout autrement accoutumée une sorte d'étonnement peureux trop bien justifié par les circonstances. Aussi, un fait qui eut lieu peu de mois après son arrivée fit-il sur son esprit une impression bien capable de fortifier, chez toute autre moins courageuse qu'elle, maintes dispositions à l'effroi.

Une jeune fille du voisinage ayant eu, une nuit, la gorge coupée sans qu'il fût possible à la piètre police du lieu de découvrir l'assassin, Rosalie, qu'une curiosité dépravée porta à suivre la foule accourue chez la victime, revint de là dans un état à faire pitié; elle eut pendant plusieurs nuits l'horrible vision de cette tête à moitié détachée du tronc ; sans doute elle était brave, mais certes impressionnable.

Il leur avait été impossible de trouver une servante qui pût les aider convenablement. Outre que celles qu'on leur offrait, après des recherches difficiles, ne savaient absolument rien faire, toutes se refusaient invariablement à aller aux provisions, sous prétexte que cela les déshonorait de courir ainsi les rues ; il faut attribuer ces répugnances à des insultes de vieille date et de souvenir mal effacé. Il est certain que les femmes bulgares ne quittent guère le devant de leur porte que pour se rendre à l'église, ne font aucune commission ; au rebours des femmes turques, qui se répandent partout, celles-là ne connaissent d'autre rue que la rue où elles naquirent ; beaucoup se vantent de n'avoir jamais vu le Danube, qui pourtant longe Widdin ; la mère, la fille et la femme du pelletier dont Jean-François et Rosalie occupaient la maison prétendaient ne pas savoir où était située l'échoppe où travaillait leur fils, époux et père. Une femme bulgare n'irait pas, au prix de sa vie, acheter deux paras de poivre ou de sel chez l'épicier du coin. La vérité est que ce sont de grands et stupides enfants que les femmes bulgares. Jean-François les voyait, de sa galerie, jeunes filles et femmes mariées, jouant *aux barres* dans la cour de la maison, et riant, et criant, et sautant avec de gros accès de gaieté bête. Quelques autres, cramponnées à des escarpolettes, apparaissaient à travers les arbres qu'elles dépassaient de leurs bonds.

— Cependant le mari sans doute fait la cuisine, écume le pot, torche l'enfant.

A défaut de servante, Rosalie allait bravement aux provisions ; elle avait, en peu de temps, appris assez de turc et de bulgare pour s'expliquer. A la vérité, elle parla toujours mal ces deux idiomes, ce qui d'ailleurs importait peu ; mais on la comprenait, et réciproquement elle entendait tout et répondait avec aisance au *Nè iaparsen?* turc, ou au *Kako pravisch?* bulgare, ou au *Tchi maï fatch?* valaque (Comment vous portez-vous?).

Voici comment se passait la journée :

On déjeunait à dix heures, grâce à l'activité diligente de Rosalie ; ensuite Jean-François se rendait, sans hâte, chez le pacha où il restait environ quatre heures, que Rosalie employait à tout nettoyer et ordonner dans la maison. Puis, Jean-François rentrant, apercevait à la croisée le frais visage de Rosalie, qu'attirait le bruit de sa canne cognant le pavé ; il rapportait parfois une liasse de journaux ou de revues ; et c'était un homme heureux que Jean-François, alors qu'il déposait à côté de lui, sur le divan, la *Revue de Paris,* l'*Illustration,* la *Presse,* l'*Estafette* et aussi la *Nation* de Bruxelles, à laquelle il avait astucieusement persuadé au pacha de s'abonner. Rosalie avait soin de ne pas le déranger dans ces moments, où il respirait à pleines bouffées l'air de la patrie et le vent (oui, mon Dieu ! le vent) de la politique. Elle allait et venait à ses côtés, dressant la table et servant le modeste dîner apprêté au détriment de ses petites mains qu'elle ne ménageait pas.

Mais elle, la pauvre enfant, quelles étaient ses récréations? Jean-François avait transporté chez lui une partie de la bibliothèque française du pacha, et, tous les soirs, il lisait à sa maîtresse, avant de se coucher, ou les matins étant au lit, quelque roman de Balzac ou d'Alexandre Dumas dans les éditions illustrées que Son Excellence avait jadis achetées à Paris, à cause des images. A cela se réduisaient tous les plaisirs de Rosalie. Le dimanche leur appartenait entièrement; on déjeunait à loisir; on repassait les souvenirs du bon temps; hélas! le bon temps c'est toujours le passé; le bon temps c'est le souvenir. Mais Rosalie ne demandait qu'une chose — elle l'avait — vivre à côté de Jean-François. Cela étant, elle voyait non pas peut-être sans regret, avec résignation du moins, et sans plainte, s'écouler sa jeunesse dans la monotonie de ces circonstances mornes. Avec quel douloureux plaisir ils rêvaient tous deux de la patrie en se remémorant les bonnes journées du printemps de leur amour, alors que Jean-François rédigeait l'*Éclaireur!*

XXIX

Bien qu'ayant plus de ressources que sa maîtresse pour faire face à l'ennui, Jean-François était loin de se résigner ; il souffrait cruellement des brutales hostilités du milieu où l'adversité le clouait.

Avoir vécu, longues années, de la vie des grands centres de la civilisation, et subir plus tard la vie isolée à l'étranger, hors de portée du rayonnement des arts, sans échange possible de sa pensée contre une pensée équivalente ; se trouver réduit à la vie animale restreinte à la pure satisfaction des besoins matériels, excommunié de toutes les joies de l'intelligence et des sens en un pays où ne se trouvaient ni amis, ni parents, ni personne à qui parler ; ni théâtres, ni églises, ni musique, ni parole, ni images, ni promenades, ni bibliothèques, ni statues, ni jardins, ni musées, est un supplice atroce !

La nouveauté de certains objets peut distraire un moment ; un tout jeune homme s'en arrangerait ; voir cela en passant avec l'assurance d'un départ prochain, est une extrémité supportable. Mais vivre dans ce *désert,* sans la certitude de s'en dégager sous peu, est, je le répète, une souffrance dure, à un certain âge, avec un certain tempérament. Ce n'est pas la mort, c'en est l'ombre. Autant vaudrait presque tout ce temps-là rester aveugle et sourd, idiot et paralytique. Où une lettre est la bienvenue en ces exils, l'ami qui ne répond pas fait une infamie.

Et travailler n'est pas facile en des conditions semblables. La pensée n'étant pas sollicitée, ne recevant aucune secousse de l'extérieur, la pensée, sevrée de ses excitants habituels, gît, inerte, à l'arrière-fond d'un cerveau clos, matelassé, où il fait noir et sourd. A plusieurs, il serait possible, par un réconfort mutuel, de tirer parti de la situation ; d'y faire saillir quelque gaieté ; mais seul on n'a vraiment pas la force de réagir contre la densité de l'entourage ; on s'y laisse étouffer ; on s'enfonce, comme en un bourbier, dans les épaisseurs de l'intellect ambiant, et l'on découvre avec effroi qu'à ce contact assimilateur la pensée se coagule et se pétrifie.

Rien dans les rues le soir, si ce n'est quelque rare passant muni d'une lanterne ; il faut, de toute force, rentrer, et la ressource la plus simple du pauvre ennuyé est de s'enfoncer dans ses draps et de se plonger tête baissée dans le sommeil.

« Oh ! se disait Jean-François, — en ces cruelles heures où son cerveau n'avait pas un seul éclair de gaieté, — être brusquement, par quelque artifice miraculeux de locomotion, jeté sur le boulevard Italien et s'y retrouver au bras d'un intime, aux vivaces clartés du gaz, ne serait-ce pas là un bonheur que toutes les essences paradisiaques sont inaptes à composer ? »

En ces soirées misérables — et pourtant, bienfait du ciel! Jean-François n'était pas seul, la bonne Rosalie, assise à ses côtés, silencieuse et résignée, réparait son linge; — en ces soirées, toute sorte de réminiscences pénibles traversaient son crâne en procession lugubre : il songeait aux amis morts, aux amis absents, aux vieilles maîtresses envolées, aux occasions perdues, aux joies évanouies, au clocher du village, au jardin paternel, aux beaux soirs bruyants du quartier latin, aux articles de l'*Éclaireur,* aux causeries de Bruxelles, au temps qui passe! à la jeunesse qui s'effeuille. . . .
. . . .
A quoi ne songeait-il pas, ce misérable songe-creux !

C'est, en vérité, peu de chose que la vie ainsi bornée au strict indispensable, et l'on ne découvre qu'à grand' peine des motifs suffisants d'y persister dès qu'elle est simplifiée à ce point : boire, manger, dormir, comme font les Bulgares; passer le jour dans une sale échoppe en fumant une pipe inextinguible, et, tous les autres jours de chaque an, répéter, sans variante, la même trivialité, triturer le même acte, agiter du bout de la langue les mêmes pauvretés que la veille, remuer ces mêmes *détritus* de la pensée, et ainsi jusqu'au jour suprême, semblait à Jean-François d'un ridicule démontrable et d'une utilité douteuse.

A quoi sert, pensait-il, que ce fourreur stupide me confectionne une pelisse et à quoi sert que je l'use ?

Serions-nous, lui et moi, trop indiscrets, en souhaitant à nos deux vies un but plus divertissant, un résultat plus corsé? Voilà pourtant des milliers d'années qu'il ne s'est fait en Bulgarie rien de meilleur; on y fait pis.

» Ah! reprenait l'infortuné Jean-François, dont la philosophie battait la campagne et s'y fourvoyait, j'en demande humblement pardon à l'auteur de toutes choses, mais il m'est avis que sa civilisation va bien lentement; qu'en coûtait-il d'accélérer les faits et de serrer dans un siècle ce qui ne tient que dans mille ans? Ceci est purement, dira-t-on, la faute de l'homme; — ce n'est vrai qu'à moitié. Hé! mais c'est bientôt fait d'accuser l'homme et de le condamner à la majorité des voix « haro sur le baudet! » Il serait temps d'un peu d'indulgence, à savoir, d'un peu de justice envers ce pauvre sire Adam, qui n'est peut-être point tant coupable qu'il le paraît. Le fatalisme musulman n'est pas totalement absurde! dès qu'on admet certaines prémisses et qu'on suppose un gérant... — gérant soit, mais responsable alors!

» On ne me tirera pas de la tête, ajoutait-il en s'animant, que le conseil suprême chargé de la direction des affaires terrestres, généralement connu sous le nom de divine Providence, n'est pas si parfaitement composé qu'on se le figure. Je suis sûr qu'il s'y est glissé un tas d'intrigants dont les menées font péricliter nos affaires; on ne sera pas tranquille tant qu'on n'aura pas expulsé ces farceurs.

» Ou, qui sait encore si nous ne devons pas nos vexations à une majorité de Gérontes crétins qui, là haut comme ici-bas, font souvent majorité, et donnent force de loi à leurs décisions absurdes, en vertu de la brutale autorité qui se dégage du nombre, avec les lourdes garanties que confère la pesanteur ? Droit des majorités — raison du plus fort ; raison du plus bête ! »

Par certains moments, Jean-François se sentait devenir occidental incorrigible et civilisé intraitable ; un bonnetier de la rue Saint-Denis lui semblait un être spirituel et sympathique ; il aurait adressé la parole à un trafiquant de denrées coloniales. Ses oreilles avaient une âpre démangeaison d'avaler à tout prix la prose française ; un Auvergnat lui eût fait plaisir ; il aurait écouté avec volupté des charretiers jurant et sacrant. — De l'Orient et de ses babouches il n'eût pas donné quatre sous.

XXX

Il avait pris en aversion les rues où il devait journellement passer pour se rendre au seraï.

C'était d'abord, — en sortant de chez lui, à droite, un four près duquel faisaient cercle quelques soldats qui fumassaient leur pipe.

De l'autre côté, un épicier ventripotent à face cramoisie apparaissait sous un paquet de chandelles, les pieds sur le tertre boueux qui devance sa boutique, entre un baril de fromage ou de beurre rance et des tas de poivre rouge.

Puis, un peu plus haut, par un chemin boueux accidenté de quelques pavés en saillie, — à droite et à gauche — des enclos fermés de murs récrépis de terre.

Au bout de tout cela, un minaret assez semblable à un vil chandelier couvert de l'éteignoir. Au bas, un pauvre arbre maigre d'ennui tordait ses branches en végétal désespéré et vous donnait envie de bâiller. Çà ou là, quelques forgerons; un chaudronnier tsigan martelant son chaudron sur un rhythme *sciant*.

Ensuite, il fallait parcourir un espace de terrain nu et désert de plus en plus boueux, d'une boue mêlée de fumier et de toutes sortes d'infâmes *détritus* à travers lesquels pourrissait invariablement quelque charogne. Puis on traversait les fossés sur un vilain pont de bois qui mène à une des portes gardées par deux sentinelles. Quelques soldats turcs, assis sous la voûte de la porte, fumaient, ou filaient, ou tricotaient.

On passait après devant quelque café enfumé dans l'ombre duquel apparaissaient le mangal de rigueur, et les fourneaux des tchibouqs allongés obliquement sur le plancher vermoulu, troué de brûlures.

Tout près, quelques boutiques; à droite une mosquée encore; et plus loin un carrefour embelli d'une fontaine qui ne coule jamais, une fontaine sèche comme un four.

Par-ci, des juifs étalant quelques indiennes de couleurs criardes; par-là, un fruitier pesant des pommes ou du beurre dans ses balances vert-de-grisées. Puis encore des enclos récrépis de terre et de paille hachée s'arrachant par lambeaux; et le long de la rue quelque vieille musulmane impassible et morne dans son sac.

Quelquefois une porte s'ouvrant, à son passage, laissait voir un visage gracieux. C'était rare. — « Allah seni kieur etsoun ! » (Dieu t'aveugle !) lui cria un jour une jeune laideron dont notre ami surprit, innocemment, les traits sous voile. — « Seni ghiuz el etsoun thanin ! » (Qu'il vous embellisse, madame !) lui répliqua galamment le bienveillant Jean-François.

Et il arrivait ainsi au seraï, crotté d'ordinaire jusqu'aux genoux.

Là, si le pacha était dans son harem (ce qui était fréquent, car il était encore assez vert et s'en vantait à Jean-François qui l'en félicitait avec énergie), notre ami était réduit à la solitude, sinon à la société des aghas, livrés, dans le *sélamlik,* à quelque polémique idiote; ces gens-là lui étaient toutefois bienveillants, mais de cette bienveillance turque qui se donne les airs d'une faveur. « Vous voyez que nous ne sommes pas fiers, » avaient-ils l'air de lui dire en condescendant à frayer avec un ghiaour.

L'eunuque (harem aghassi) l'avait pris en affection. Un jour qu'il se parlait vaguement du retour du pacha à Constantinople : « Votre femme, lui dit l'eunuque, » voyagera, n'est-ce pas, avec les dames de Son Excel-

» lence? Confiez-la-moi, et puis demandez-moi de ses nouvelles (soura isté benden.) » Jean-François le remercia avec effusion.

Nulle trace de vie intellectuelle dans ce Widdin. Deux ou trois négociants reçoivent le journal de Belgrade Sroske novine ou l'Amaltheia de Smyrne. Quelques juifs sont abonnés au journal hébreu Hor Israel (Lumière d'Israël).

Il y a, à côté de l'Agence, quelques cafés-billards, tenus par des Allemands, fréquentés par un tas de chenapans grecs ou zingares.

Dans le plus piètre bourg du Quercy, la vie est plus chargée d'aromes, plus riche en mouvement, plus féconde en actes, plus drue, plus fleurie et plus éclatante.

Sevrée de tout plaisir, Rosalie s'amusait parfois du spectacle de la rue : les paysans se rendant au marché dès le matin; quelque noce qui, de temps à autre, traversait la rue aux jours de carnaval; jours que les Bulgares consacrent à se griser indignement dans les nombreux cabarets qui grouillent dans ce trou, en mangeant du porc et de l'oie depuis le soir jusqu'au matin; le tout avec accompagnement obligé de musique instrumentale et vocale — quelles voix et quels instruments!

Voici une noce qui s'avance, violons en tête, au plein de la nuit précédée de quelques falots :

En tête, quatre tzigans, les doigts crispés sur les cordes et poussant un archet frénétique, ouvrent la marche; un mouchoir à carreaux pend au manche des quatre violons qui, sous ces attaques nerveuses, grincent l'accompagnement de quelque chanson turque dans laquelle une oreille exercée distinguerait ces mots aigus et nasillés « *ghiuzeller itchun* » (pour les belles) ou « *béni tépéler* » (elle me piétine), violent reproche aux cruautés féminines qui fait le fond de nombre de ces chansons.

Derrière les quatre escogriffes basanés coiffés d'un étroit turban blanc, à la veste et aux chausses brun-fauve passementées de bleu céleste, viennent, deux à deux, les parents des époux, Bulgares cossus, coiffés du fez, affublés de leurs longues pelisses disgracieuses; les femmes ferment la marche du cortége, composé d'une trentaine de personnes.

Entre les hommes et les femmes se placent les jeunes mariés, dont la contenance est une des plus cocasses qui se puissent rêver : le jeune bêta, les regards fichés en terre, morne et pensif, le cou roide et les bras ballants, paraît en proie à une muette affliction. La mariée, non moins pensive et morne, semble s'être proposé pour but de coller sa face contre sa poitrine, entre les deux seins, et, à des moments, on dirait qu'elle est sur le point d'y réussir. Impossible de voir ses traits; elle a les cheveux enveloppés d'un linge blanc qui descend, par les épaules, jusqu'aux talons avec une crinière de longs fils d'or. Veste verte fourrée, jupe en soie cerise, triple collier de larges

pièces d'or. Et sur la tête une couronne de roses...
artificielles, vu la saison....

> La victime était prête et de fleurs couronnée.

Une inondation qui remplit d'eau les plus basses rues de Widdin et qui enferma nos deux amis dans une sorte de presqu'île, — car des barques passèrent sous leurs fenêtres, — laissa, en se retirant, des herbes dont la putréfaction provoqua une sorte d'épidémie.

Jean-François fut affreusement malade pendant trois mois par suite de cet empoisonnement végétal procuré par l'air marécageux qui enveloppe Widdin. Sa maladie se compliqua d'un paroxysme nerveux (attribué à sa lutte contre le chagrin) qui le rendit incapable de toute espèce de travail.

Il allait et venait comme un fou, dans sa chambre, sous les yeux de Rosalie pâle de frayeur. Les objets tournaient devant lui ; il éprouvait dans la pensée les souffrances qu'un vomitif développe dans l'estomac. C'était une sorte d'indigestion cérébrale ; il était devenu hâve, squeletteux, jaune comme un coing. Il passait des nuits sans sommeil à courir dans la chambre, le crâne entre les deux mains comme pour l'empêcher d'éclater ; il éprouvait parfois des désirs de se casser la tête contre les parois.

La pauvre Rosalie, malade elle-même, et qui, dans certains moments, paraissait plus morte que vive, le soignait avec une sollicitude d'ange et de mère.

Jean-François, à qui son état déplorable soufflait des idées fort lugubres, se tourmentait cruellement par la pensée de ce que — en cas de mort — deviendrait sans lui cette chère Laly. Un jour que, du fond de la souffrance, quelques mots lui échappèrent dans le sens de cette préoccupation, Rosalie fut envahie d'un torrent de larmes et éclata en sanglots : « O mon ami, que tu es cruel ! mais mon sort est de te suivre partout ; va, la mort ne nous séparera pas. »

Enfin il guérit, mais si lentement !

XXXI

Plus d'un an s'était écoulé de la sorte, un jour suivant l'autre avec une parfaite similitude de laideur. Survint la guerre. Widdin prit un aspect plus animé. On mettait les remparts en état ; la population s'occupait à tresser des gabions et à les farcir ; on entendait le canon qui tonnait vers Kalafat. Les bachi-bozouks arrivaient en masse et défilaient, revêtus de costumes à faire tressaillir de joie un peintre. Jean-François fut — on le sait — un peu artiste ; mais il était depuis son exil saisi d'une langueur mortelle. Plus d'espoir, plus de gaieté, nul ressort. — Chose singulière ! ses nuits n'avaient plus de rêves.

Les rêves sont peut-être, en partie, produits par

l'agitation et le commerce de la pensée ; par l'aspect fréquemment renouvelé de formes variées et sympathiques. Un homme qui a dans sa journée parcouru le boulevard de la Madeleine à la Bastille, aura des rêves fort différents de ceux d'un homme dont la vue s'est, tout le jour durant, arrêtée sur un cloaque. L'opulence des rêves est sans doute en rapport avec la richesse et la variété du kaléidoscope exposé, la veille, par les objets ambiants.

Comme l'esprit est en rapport intime avec la matière, l'imagination, soit dans le rêve, soit dans la veille, s'alimente par le spectacle des phénomènes sensibles. Que les habitués de la vie parisienne veuillent bien questionner leurs souvenirs, ils s'assureront qu'ils n'ont jamais été plus riches d'idées qu'au théâtre, dans les entr'actes de la représentation.

Les tableaux, statues et autres objets d'art dont nous ornons nos demeures, ont sans contredit pour effet d'entretenir notre esprit et d'y devenir les générateurs de formes nouvelles. Par là une visite aux musées est-elle très-profitable de toute façon.

Aussi, Jean-François souffrait-il horriblement de ne plus voir de peinture. Il sentait ses idées s'appauvrir des privations de son œil.

Il admettait qu'un malheureux, enfermé dans une étroite enceinte blanche et circulaire, y devînt idiot en fort peu de temps, surtout s'il était privé d'un morceau de charbon pour y tracer ne fût-ce que d'informes barbouillages, — de simples points de repère.

Et si la forme élève l'intelligence et la féconde, on comprend très-bien pareillement qu'elle fortifie le cœur. — C'est ainsi que l'art moralise.

Les choses de la vie apparaissaient de plus à Jean-François sous un jour tout autre, assombri de significations sinistres. La pensée de la mort, que les salubres distractions d'une vie normale absorbaient heureusement, le tint dès lors sous sa perpétuelle obsession ; il était stupéfait de n'avoir pas songé à tout cela plus tôt. Ses allées et venues à travers les mêmes rues machinalement parcourues et où nul objet ne pouvait renouveler ses impressions, repliaient sa pensée sur elle-même. Il découvrit avec surprise que son cerveau ne produirait plus que des pensées d'ordre purement philosophique. Cette aridité de l'extérieur avait, il est vrai, son bon côté : elle le forçait à regarder en lui-même. Son crâne se rayait de toutes sortes d'arabesques métaphysiques, dont un autre milieu eût moins

On arrangeait pour les dimanches quelques parties de campagne, sortes de pique-nique où chacun fournissait un ou deux plats. Les dames (femmes de médecins italiens réfugiés) montaient en carriole. Rosalie, toujours en petit bonnet, mettait ces jours-là une robe d'indienne à fleurs roses qu'elle s'était faite elle-même. Les messieurs escortaient à cheval. Et l'on se rendait ainsi, d'ordinaire, à une heure de Widdin, sur un point élevé nommé Hinowa. On s'installait dans une maison de campagne abandonnée par son propriétaire au premier occupant. Le feu s'allumait, et bientôt une riche omelette, dont Jean-François, fort d'une vieille expérience, favorisait la confection par les conseils les plus judicieux — assez habile toutefois pour ne pas compromettre sa théorie savante par une pratique beaucoup moins remarquable — s'étalait orgueilleusement sous les sourires d'une douzaine de visages épanouis par le plus sincère appétit.

Quelques paysans bulgares, attirés par la curiosité, se faisaient les spectateurs de cette joie culinaire. On les utilisait pour diverses commissions dont ils s'acquittaient de bonne grâce; et puis, au dessert, gratifiés de quelques verres de raqy, ils exécutaient, au son d'instruments baroques, leurs danses nationales.

Les dessinateurs de la société couvraient les murs d'esquisses fantasques, expressives d'un ressentiment cosmopolite. Jean-François peut mettre à son compte quelques augustes profils qui eurent le plus grand succès. Ainsi, cherchait-on par cette joie un peu factice à s'étourdir sur les misères du présent. Mais le souvenir de la patrie ne s'effaçait pas. Et, au repos de leur sourire, les lèvres et les sourcils eussent trahi ces quelques plis amers qu'y frappent les duretés de l'exil. On s'en revenait au soir; et l'on caracolait, l'on se poursuivait dans la vaste plaine au galop des *coursiers* lancés à toute bride.

Ces faveurs des circonstances n'eurent qu'un temps. Les émigrés valaques repartirent; la plupart des médecins moururent du typhus, qui faisait alors de grands ravages dans l'armée turque. Bientôt Jean-François et Rosalie se retrouvèrent seuls. Les alentours étaient de plus en plus mornes. Impossible de faire trois pas dans la rue sans rencontrer un mort s'en allant en terre; toutes sortes d'épidémies désolaient Widdin; on citait des cas de choléra très-fréquents dans les environs; de plus on prévoyait, non sans fondement, le cas d'un bombardement de la ville par les Russes, arrêtés, il est vrai, par les fortifications de Kalafat. Néanmoins, les diverses rencontres qui eurent lieu entre Turcs et Russes ayant prouvé jusqu'à l'évidence la faiblesse incroyable de ces derniers, on ne tarda pas à se rassurer sur ce point. Mais tout le reste suffisait et au delà à provoquer ou entretenir des dispositions mélancoliques que les rares lettres des amis n'étaient pas de nature à modifier. Elles ne contenaient à tous égards que de tristes nouvelles. Deux amis de Jean-François, ses deux témoins lors de son duel, venaient de mourir à Lambessa. Ce fut pour Jean-François un chagrin poignant. Il reçut, vers ce temps, une lettre de sa mère, dont voici un extrait :

« Hélas! l'homme en perdant sa religion perd tout.
» Il n'a plus ni lueur qui l'éclaire, ni frein qui l'arrête,
» ni appui qui le soutienne, ni espoir qui l'anime.

» Aveuglé par l'orgueil, guidé par ses passions, il
» ne peut manquer de donner dans tous les écarts où
» elles entraînent ceux qui s'y abandonnent.

» Je conserve précieusement au fond de mon cœur
» la douce espérance que l'enfant de mes larmes ne
» sera plus leur victime; que rappelant une raison déjà
» mûrie par l'âge, éclairée par le malheur, et surtout
» consultant son cœur (où il trouvera sans doute le
» souvenir de sa mère) de sérieuses réflexions lui
» feront sentir l'urgence d'un retour à la vertu.

» Oui, mon fils, une ère nouvelle doit commencer
» pour toi : rentre seulement dans la seule voie qui
» peut te conduire au bonheur, et tu assureras celui de
» tes bons parents.

» Mais, tu le sais, mon cher aimé, le temps s'écoule
» avec une effrayante vitesse, et il n'est pas donné à
» l'homme de pouvoir jeter l'ancre dans le fleuve de
» la vie. Nous devons donc nous hâter de profiter des
» jours que Dieu veut bien nous laisser pour réparer
» le temps perdu dans son offense.

» Sois docile à ma voix, mon bien-aimé fils, et
» un avenir calme et heureux te sourira sur la terre
» comme le reflet avant-coureur de la félicité qui doit
» être, dans le ciel, la récompense de l'homme juste.

» Nous avons fait venir de Paris ton portrait peint
» par toi à vingt ans, et nous l'avons placé dans ma
» chambre, au-dessus du canapé; il a besoin d'être un
» peu restauré. Quand pourras-tu le faire? Dieu le sait!
» il a été visité par tous ceux de nos voisins qui con-
» servent ton souvenir. Quelle différence d'expression
» d'avec cet autre portrait que tu fis récemment au
» fusain! Le premier exprime la douceur, la bonté, la
» candeur; tandis que l'autre vous présente je ne sais
» quoi de sévère, de sinistre même qui inspire plutôt
» un sentiment pénible qu'un tendre intérêt. Il est
» facile de remarquer, dans ces deux physionomies,
» le changement opéré dans ton moral depuis le pre-
» mier.

» Je n'entre jamais dans ma chambre sans adresser
» à celui-ci quelques mots de regrets sur l'absence de
» l'original. Adieu, mon bien-aimé; mets toujours ta
» mère au-dessus de tes meilleurs amis et reçois un
» baiser du fond de son cœur. »

Pauvre mère, mère bien-aimée!... Mais, ô douleur poignante qu'être ainsi violemment séparé par les idées, alors qu'on est si étroitement unis par les sentiments... et, ô soucis implacables aggravés par la pesanteur d'un secret taciturne! qu'adviendrait-il si sa mère apprenait un jour ce qu'il lui masquait avec tant d'assiduité? Et pourtant, qu'avait-il à se reprocher?... et pourquoi faut-il que les sentiments les plus purs soient vilipendés par les circonstances et que le seul fait de leur être ne suffise pas à leur légitimité? Quel arrangement concilierait un jour l'affection de Jean-François pour Rosalie avec les prétentions et les douleurs de la famille? — Il ne savait, ne voulait pas savoir, cherchait à s'étourdir là-dessus.

XXXII

Cependant Rosalie s'était de nouveau sentie mère.

On avait fini par trouver une femme bulgare pour faire le gros de l'ouvrage; mais Rosalie allait et venait bravement et s'occupait de tout sans mignardise.

Un jour que, déjà avancée en grossesse, elle se promenait au bras de Jean-François, ils se trouvèrent nez à nez avec deux soldats turcs dont l'un, probablement ivre, donna une poussée brutale à Jean-François, qui, fort de son droit, ne vit aucun inconvénient à appliquer à son agresseur un vif coup de canne sur les omoplates. Mais la fierté musulmane trouva le procédé un peu fort de la part d'un ghiaour: le soldat tira son sabre et fondit sur Jean-François, qui réussit à esquiver le coup et étreignit son adversaire aux reins.

Rosalie, qui n'avait peur que pour Jean, se jeta furieuse sur le Turc et, de ses deux petites mains, le griffa au visage avec un geste de lionne. Jean-François la suppliait en vain de s'éloigner. Enfin, après s'être quelque temps roulés dans la poussière, le Turc et lui,

soit que la colère doublât l'énergie de Jean-François,
soit que le vin commençât à débiliter l'autre, Jean-
François réussit à lui mettre le genou sur la poitrine ;
mais, dans ses efforts pour lui arracher le sabre qu'il
tordit dans ses mains, il eut trois doigts de la main
gauche sciés jusqu'à l'os. On accourut, on les sépara.
Le militaire, qui était sergent, fut dégradé et bâtonné ;
Jean-François eut la main hypothéquée tout un bon
mois. Rosalie, qui, le danger passé, fut envahie d'un
tremblement nerveux et d'une pâleur livide, rentra à
la maison dans un état dont on pouvait redouter les
suites, vu sa position. Il n'en fut rien.

Quelques mois après, comme ils s'allaient mettre à
table, Rosalie, que des douleurs saisirent, ayant quelque soupçon que la crise approchait, manda une sage-
femme, qui déclara qu'il s'en fallait encore de trois
jours. Mais, au milieu de la nuit, Jean-François fut réveillé par son amie, que de vifs élancements prenaient
aux flancs. L'orage de l'enfantement se déchaînait avec
une furie telle, que Jean-François, saisi de la peur d'une
délivrance soudaine et sans secours, vola chez l'accoucheuse, après avoir brusquement réveillé le pelletier
logé en face, dont la mère, la femme et la fille accou-
rurent chez Rosalie.

Au bout d'une demi-heure, Jean-François n'était pas
parvenu à trouver l'accoucheuse absente du logis, et
qu'il fallut aller chercher par des rues en casse-cou,
dans diverses maisons où elle n'était pas. A cent pas de
son logement, il entendait Rosalie qui déchirait l'air

de ses cris. Enfin il réussit à en amener une autre.

Celle-ci entra. C'était une sorte de strygé crochue du bec, âpre de l'œil, haute et roide comme un grenadier prussien, armée de pattes solides, aussi souples et douces que des pinces de homard. Malgré ses vives douleurs, Rosalie trouva le temps de la prendre en grippe, de prime aspect. Mais que faire ?

Aidée des autres femmes, elle entreprit la pauvre enfant, et se mit à la tripoter avec tant de rudesse que celle-ci la repoussa vivement, avec des cris à s'arracher le gosier ; elle essaya de lui parler en bulgare, mais, dans le trouble de la douleur, elle comprenait mal les réponses. « Mon Dieu ! s'écriait-elle, donnez-moi encore un peu de force, car je n'en ai plus ; au secours, mon Dieu ! Jean, empêche-moi de souffrir ! » — Jean n'avait plus sa tête.

Enfin, après trois heures de tortures, elle mit au jour un garçon robuste qu'on eut le tort de confier à une nourrice ; mais Jean, voyant toute la fatigue que subissait Rosalie, avait voulu la délivrer des tribulations de l'allaitement.

Il fallut arracher l'enfant à Rosalie, qui déjà en était folle.

Paul — comme on le nomma — avait le crâne couvert d'un long duvet noir ; l'œil bleu, et les sourcils formaient en se fronçant, sur un front doué d'ampleur, ce large fer à cheval que Walter Scott attribue aux *Redgauntlet*. Que d'espérances Jean-François avait placées sur la tête de ce pauvre être enfanté dans l'exil !

Eu égard aux circonstances où il avait été conçu, notre ami espérait retrouver dans cette âme bien trempée, une empreinte de la vigueur maternelle jointe à l'intelligence que dénonçaient aux phrénologues la coupe remarquable de l'encéphale, et son œil bleu gris de fer.

L'enfant mourut au bout de six jours, du froid que sa nourrice lui procura en le découvrant à tout propos pour faire admirer sa robusticité.

Rosalie fut envahie d'une de ces atroces douleurs morales dont les mères seules peuvent sentir, dont les hommes sont hors d'état de concevoir l'intensité. « O mon Dieu ! comme je l'aurais aimé ! s'écriait Rosalie, il m'avait tant fait souffrir ! »

Beaucoup plus épouvantée que la première fois, Rosalie eut une convalescence longue. Elle se sentait bien, lorsque, pour se distraire de son poignant souci, elle voulut, contre l'avis de Jean-François, qui sentait l'air un peu bien vif, aller faire un tour du côté des jardins. Depuis la mort de l'enfant, son intérieur lui semblait odieusement funèbre.

A sa rentrée, elle sentit quelque malaise qui lui dura toute la nuit et qui augmenta le lendemain ; elle éprouvait des frissons étranges.

Le soir elle n'eut aucun appétit ;

Et elle se plaignait d'élancements douloureux vers les flancs : « On dirait, répondait-elle à Jean-François qui la questionnait avec anxiété, car il n'ignorait pas la gravité des maladies qui surviennent après les couches, on dirait qu'il se prépare un autre enfantement, tant les douleurs sont parfois vives. » La journée se passa sans qu'elle éprouvât aucun soulagement. Sérieusement alarmé, Jean-François courut chez un médecin de l'armée turque, jeune Grec de l'école de Galata-Seraï; il ne manquait pas d'intelligence, mais il avait peu de pratique, surtout de ces sortes de maladies, ce qui s'explique assez par sa clientèle habituelle, presque exclusivement militaire. Mais Jean-François, qui ne fit qu'un chemin de sa maison à l'autre, l'espéra en vain tout le jour, en proie à cet atroce supplice de l'attente auquel les Arabes n'ont trouvé d'autre analogie physique que le feu.

Le docteur ne se présenta que le lendemain, assez tard.

Il tâta le pouls à la malade, lui trouva la langue irritée, la face inquiète.

Outre les douleurs de ventre, Rosalie se plaignait d'un violent mal de tête et d'un profond accablement; elle sentait ses idées fort troublées et faisait des réponses distraites.

Jean épiait, dévoré d'inquiétude, la physionomie du docteur, grave et recueilli en face du lit; il trouvait à ses traits un sérieux désolant.

Le docteur s'en alla après avoir ordonné une potion, sans préjudice à des frictions locales.

A peine fut-il dans l'escalier que Jean courut après lui, sous prétexte d'une recommandation oubliée :

« Docteur, lui dit-il vivement en lui prenant les

mains, la vérité, je vous prie! est-ce grave? Ne me laissez rien ignorer; j'ai de la force.

— Allons, ne vous tourmentez pas ainsi, dit le docteur à Jean, dont les yeux sortaient de la tête tant ils étaient ardemment et douloureusement interrogatifs. Les cas de ce genre-là sont graves, sans doute; mais, enfin, on s'en tire — avec des soins et la faveur de la jeunesse; la grossesse, vous savez, est provisoirement suspensive de tout autre mal que le mal d'enfant. La nature n'en tolère l'échéance qu'après la délivrance de la mère. Par là, les jours qui suivent sont-ils des jours critiques qui nécessitent des précautions extraordinaires, superflus dans l'état normal, indispensables dans ces derniers cas, vu les prédispositions morbides de la mère. Madame aura sans doute commis quelque imprudence dont elle est aujourd'hui assez punie... trop punie..... Qu'elle se tienne chaudement; à demain. Après tout, tranquillisez-vous; le chagrin ne remédie à rien. » — Et il le quitta sur cette observation judicieuse.

Jean-François remonta chez lui fort mal rassuré.

Cette chambre, où il s'était habitué à voir, allant et venant, cette joyeuse enfant qui la vivifiait, lui semblait morne et inanimée; rien n'y bougeait plus.

Les paysages accrochés au mur lui apparurent couverts de brume.

Les traits des personnages aux autres estampes prenaient une physionomie dure, maussade, égoïste, tantôt ricanière, tantôt lugubre, toujours sinistre.

Il essaya de quelques lectures pour désennuyer Rosalie et pour se distraire lui-même de ses idées malsaines. Mais tout ce qu'il lisait lui semblait vide de sens, obscur et désordonné comme les poésies du cauchemar.

D'ailleurs Rosalie absorbée l'écoutait à peine ; bientôt elle le pria de cesser : ce bruit la fatiguait.

Jean couvrait de baisers fervents ses mains, qu'elle lui abandonnait machinalement, ou qu'elle retirait avec brusquerie lorsque quelque douleur plus pongitive la faisait tressaillir. Le moindre contact à ses flancs des objets les plus légers avivait sa souffrance.

La potion ne produisit aucun résultat.

« Seigneur mon Dieu ! s'écriait du plus profond du cœur Jean-François, crucifié par le chagrin, Seigneur mon Dieu ! laissez-la-moi ! »

Sa pensée, horriblement active, allait et venait sans trêve par des voies pleines de ronces et de cailloux.

Le médecin revint. Rosalie allait de mal en pis ; elle éprouvait des nausées brûlantes, elle avait une ardente soif, sa respiration était pénible.

Le docteur lui trouva le pouls petit et concentré, la peau sèche, la langue de plus en plus enflammée.

Jean-François surprit sur la figure du docteur, qu'il regardait entre les deux sourcils avec le regard fixe des maniaques, une expression ambiguë qu'il interpréta avec une horrible lucidité. Rien qu'un éclair, mais de quelle douleur intense il était armé ! Ce fut, en son plein cœur, comme un coup de poignard fourni par un brutal; il se cramponna à une chaise de peur de s'évanouir sous le coup; il eut des éblouissements de derviche tourneur; sa raison vacillait ainsi qu'une flamme de lampe sous un vent fantasque.

Il descendit l'escalier avec le médecin; il lui tenait le bras avec force; sa main avait des caresses comme s'il allait implorer, obtenir peut-être, la *grâce* de Rosalie.

« Eh bien, docteur? » lui dit-il en tremblant. — Sa langue était aussi sèche que les dalles d'un four.

Et celui-ci ne répondant pas : — « Docteur, docteur! reprit-il avec un effort et en bégayant, car sa langue était aussi empêchée que ses idées, — est-ce dangereux? — Hum! ça va moins bien que je voudrais, fit l'autre lentement. Autant que j'en puis juger, madame est affectée d'une péritonite puerpérale; j'avais d'abord cru à une métrite. Au surplus, toutes ces phlegmasies intenses offrent, dans leur diagnostic, des caractères communs qui favorisent la confusion. Dans l'un comme dans l'autre cas, il ne faut pas se dissimuler la gravité de l'affection. Vous auriez dû, je vous le répète, user d'autorité pour empêcher madame de sortir avant un bon mois. Dans l'état de débilité et avec la susceptibilité toute particulière que comportent de telles convalescences, il n'est pas bon de s'exposer. Ici, d'ailleurs, vous savez combien la température est détestable. Je ne serais pas surpris que cet air constamment humide, chargé de miasmes marécageux, de matières végétales en décomposition, n'ait, sinon provoqué, secondé du moins, beaucoup l'inflammation. Enfin le mal est fait. Je vais vous envoyer l'autre potion.

— Mais enfin, docteur, reprit vivement Jean-François qui tenait le médecin par un bouton, il y a, n'est-ce pas, il y a de l'espoir? — Mon cher, il y a toujours de l'espoir, répliqua celui-ci avec un sourire un peu forcé; même lorsque le médecin n'en a plus. A ce soir. — Docteur! sauvez-la-moi, mon ami, et disposez de moi comme vous voudrez. »

Jean rentra chez lui, frappé d'idiotisme.

Il embrassait Rosalie avec frénésie. Elle lui faisait signe de la laisser, car il la faisait souffrir par ses caresses mal ménagées.

« Mon pauvre Jean, je me sens bien mal, lui dit-elle d'une voix basse. Jean! j'ai bien peur de te quitter; je ne regrette que toi, mais je te regrette bien.

— Mon enfant! mon enfant! que dis-tu? s'écria Jean-François; oh! ne parle pas ainsi; tes paroles me tuent. Chasse ces idées, ma bonne Laly!... Mais, ce n'est rien, sais-tu? Le docteur m'a bien rassuré; je craignais — je puis bien te l'avouer — je craignais, moi, aussi (tu sais, un rien m'alarme); mais il m'a bien rassuré. Que nous avons été imprudents, ma fille! Va, ce n'est rien; un peu de souffrance sera bientôt passée, bientôt oubliée! » Et Jean fit des efforts atroces pour mettre un sourire sur sa face bouleversée.

« Te trouves-tu un peu mieux, mon enfant? —

Non, Jean. Je vais toujours mal. Oh! que je souffre; c'est là, tiens...; il me semble qu'il y a des couteaux... O m'am! j'en ai bien peur, tu t'en reviendras chez nous sans ta pauvre Laly. Va! tu seras bien un peu triste quand tu passeras sous les croisées de ma chambrette et que tu ne m'y verras plus... »

Jean tournoya plusieurs fois dans la chambre, comme un homme ivre; il avait autour du crâne un cercle de fer serré par un étau... sa raison partait.

XXXIII

Quelques jours se passèrent ainsi ; le docteur venait fréquemment.

Rosalie était dans une prostration complète. Elle s'affaiblissait à vue d'œil. Ses pauvres yeux si gais étaient languissants et cernés; les roses de ses lèvres s'étaient changées en pâles violettes; dans les trêves de sa douleur, il s'y posait un sourire vague et doux comme le regard alangui dont elle caressait Jean-François, à qui elle serrait la main.

Elle semblait comprendre qu'il faudrait se quitter.

En s'en allant, le docteur fit un signe à Jean-François, qui marcha derrière lui comme un automate.

« Mon ami, lui dit-il, je vous sais courageux?...

— Parlez, docteur, parlez! dit Jean-François, qui

banda ses forces pour recevoir le coup. — Elle est perdue, mon cher ; je doute qu'elle passe la nuit ; prenez vos arrangements en conséquence. »

Et il laissa Jean-François broyé sur le pas de la porte.

Jean remonta l'escalier, lourd comme une statue de plomb. Il lui semblait qu'une main de fer lui contractait la cervelle et la pressait comme une orange.

Il se laissa tomber comme un faix sur une chaise, à côté du lit, pâle et mourant, l'œil fixé sur Rosalie, trop accablée pour remarquer son état.

Vers les trois heures elle se sentit un peu mieux ; ce fut un fugitif éclair de soleil dans une sombre pluie battante.

L'œil de Rosalie était plus brillant ; hélas ! c'était le dernier effort fourni par la jeunesse pour subvenir aux dépenses de l'agonie. Sa langue se délia.

« Jean, mon Jean ! tu ne m'oublieras pas tout à fait, n'est-ce pas, mon cher amant ? Ah ! je t'ai bien aimé. Oh ! si tu savais comme j'ai peur d'être oubliée ! Tu penseras bien un peu à ta Laly quand j'aurai de la terre sur ce pauvre corps qui fut tout à toi. Jean, est-ce que les morts souffrent ? Ah ! j'ai déjà bien souffert dans ma vie.... Mais je ne me plains pas ; j'ai eu aussi bien de la joie avec toi. Te souviens-tu de nos parties de campagne ! Tu n'iras plus avec moi ; est-ce que tu iras avec une autre ? Va, je te connais, tu me regretteras souvent !... Qu'il doit faire froid sous la terre, l'hiver, par la pluie et la neige ! Eh ! que je faisais bien de frissonner quand je passais devant les pierres des Bulgares. Oh! que mon cœur est désolé; c'est si triste, Jean, de mourir loin de son pays! Que dira ma mère? Jean, je suis bien jeune, n'est-ce pas, et tu me trouvais jolie! Que vont-elles devenir mes joues, où tu mettais tant de baisers et que j'ai eues si fraîches!...

» Comme mes mains sont blanches! Tu me laisseras l'anneau que tu m'as donné; il ne faut pas qu'une autre y touche. Et tu me mettras ma meilleure chemise, ma chemise brodée que j'ai repassée l'autre jour; je veux être une belle morte. »

Puis, dans une sorte d'égarement, elle se mit à chanter cette jolie chanson que Jean aimait tant :

> O qué l'amour es trounporèlo [1]!
> Qu'a l'y se fio trounpa séro.
> Lo maïrié qué m'o nouirido
> Énquèro sa pa moun noum ;
> Iou m'opèli Joubénèlo,
> Joubénèlo per moun noum, etc.

Jean sanglotait.

« Ah! Jean, et cette jolie chambre où nous soupions en tête-à-tête quand tu avais le journal. Et nos promenades dans la vallée de Josaphat! Oh! que tout cela est loin, et que cela me paraît beau à moi qui vais tomber dans la mort.... Et les procès, d'où tu revenais triomphant!... Oh! comme j'étais joyeuse alors.

» Je vais bien m'ennuyer dans cette fosse; car tu partiras, toi, quand je ne serai plus ici; et tu me laisseras toute seule là-bas dans ce vilain cimetière. Cette fois je ne pourrai pas te suivre avec mes pauvres jambes ; oh ! mais mon âme te suivra, Jean ! Maintenant tu dîneras tout seul. Qui te fera ton dîner ? Vous mettrez deux couverts, mon ami ; je serai vis-à-vis de vous, mais vous ne me verrez pas, et les morts ne parlent plus !

» Et ton linge, qui en aura soin ? Tu prendras une autre femme, et elle aura ma place, cette étrangère, à table et au lit, la place de ta pauvre Laly.... » Et elle se mit à pleurer. Cette émotion l'épuisa ; elle tomba dans un sommeil douloureux, une torpeur parente de la mort.

Jean s'était évanoui.

Quand on l'eut fait revenir à lui, Rosalie avait le délire ; elle appelait Jean, qu'elle ne voyait plus :

« Oh ! tu as beau te cacher, méchant, je te trouverai. Jean ! où est Jean ? il me faut Jean ! Lâchez-moi, mais lâchez-moi donc ! Jean !!! Jean-François, au secours ! Je veux le m'ami, le pauvre m'ami. Laissez-moi, je ne vous ai rien fait ; je suis une pauvre fille qui cherche son père. » Et elle pleurait. « Mais puisque je vous dis que voilà se gants et sa pipe ! Dites-moi, vous autres, vous n'avez pas vu passer Jean ? il est en noir, avec un col blanc ; il s'en est allé dans les prés ; il m'attend ; je ne veux pas qu'il m'attende, il serait fâché ; et puis je ne l'y trouverais plus. Oh ! il n'y a personne pour me passer l'eau ; tout le pré se remplit d'eau. Il y a de l'eau partout. J'irai à la nage..., moi je sais passer la mer.

» Hier c'était une petite fontaine si jolie !... mais.... c'est à la vigne. Ah ! je me souviens ; Jean m'attend à la vigne. » Et elle se mit à chanter :

>Obal en ribieiréto
>Lio 'n aoubré tout en flour ;
>Los trés filioi d'un princé
>Se soulounbrou detzou :
>Son douos qué cant' et dansou,
>L'auotro pluro toutjour, etc.

« L'auotro pluro toutjour.... » Et elle se mit encore à pleurer.

Quand le délire cessa, elle tomba dans une prostration complète. Le pouls n'était presque plus sensible ; la peau devint froide ; le visage devint livide. De temps à autre la douleur lui arrachait un cri aigu.

Enfin elle eut un brusque sursaut et cria : « M'ami ! m'ami ! » — Elle retomba.... elle était morte.

Mais Jean ne la savait pas morte. Morte.... est-ce que cela se peut ? Cette Laly qui emplissait la chambre de sa jeune gaieté, morte.... elle ! Il souleva dans ses bras ce corps inerte, couvrit ses yeux et son front de baisers âpres et chauds. Laly retomba lourdement. Eh ! ce n'était plus Laly ; c'était une morte, — une vraie morte.

XXXIV

Il était nuit.

Une bougie dorait l'immobilité de ce visage de marbre, où le rire poussait jadis de si charmants ressorts. — Il ne sortira plus de ces lèvres mi-closes ce joli rire argentin, que Jean-François entendait dans son cœur.

Jean était accablé, et malgré les fatigues de ses veilles, n'avait ni faim, ni soif, ni sommeil; il avait pris le regard fixe des fous.

Il restait aussi immobile sur sa chaise que le corps près duquel il veillait. Ses idées s'enfuyaient, son crâne se vidait. Il eut des distractions atroces où le corps agissait seul. Il se levait par moments, allait ici et là, stupide et machinal, sans but, comme une mouche décapitée.

Dans son cauchemar d'idiot, il se coucha comme d'habitude à côté de Rosalie et comme si elle vivait. Par éclairs de raison, il l'embrassait avec furie, cherchant à fomenter de sa chaleur ce corps, qui n'était plus que le moule insensible d'une âme, et d'y refaire la vie à force de désirs et de volonté despotique.

Jouet d'une odieuse hallucination, parfois il lui semblait que la paupière avait palpité, que les lèvres et les narines s'étaient soulevées. Hé ! c'était un frisson de l'air qui, frôlant la lumière dont s'éclairait le visage, y simulait le mouvement par la modification des ombres.

Il appelait à pleine voix : « Laly ! » comme si, à sa parole aimée, ces yeux allaient se rouvrir et lui glisser sous les cils leur regard doux et caressant.

Il posait un miroir sur la bouche et après une minute examinait le miroir : pas un souffle ne l'avait terni....

Alors, sous une attaque de désespoir, il bondissait hors du lit, pleurant et rugissant, crevant les murs de ses poings fermés.

Les premiers rayons du jour le surprirent aussi livide que la morte.

Par ordre du pacha des prêtres bulgares vinrent, le vladika en tête, rendre au corps les derniers devoirs. Jean ne voulait pas que nul touchât à sa Rosalie. Il s'enferma avec elle et lui fit, selon sa recommandation, sa sinistre toilette. Tout seul il la porta dans le cercueil, lui arrangea ses fins cheveux sous le petit bonnet, et lui mit autour du visage des roses dont les joues de Laly eussent jadis effacé l'éclat. Puis il fit descendre doucement au bas de l'escalier, et suivit jusqu'au cimetière en soutenant de ses deux mains la tête de cette chère amie.

Il marchait ainsi, les traits ravagés, la face crispée par la désolation, poussant de rauques sanglots. Il n'avait plus de larmes dans ses yeux secs et sombres, les ayant toutes pleurées la nuit.

Mais quand il vit la fosse et le corps y descendre, après qu'il eut mis au front un dernier baiser.... il faillit tomber et on le soutint. Il y avait là de vieux Turcs qui pleuraient sur leurs barbes. Cela les touchait, la mort de cette inoffensive et rieuse fillette qui avait fréquenté leurs boutiques et dont la vive humeur les égayait.

Par un stoïque effort, Jean-François jeta la première pelletée de terre sur sa Rosalie et ne voulut partir que quand elle fut toute couverte.

On l'arracha de là et il se laissa emmener comme un enfant, car ses forces étaient brisées.

On le mena au seraï, où le pacha lui dit de ces bonnes paroles qui ne servent de rien. Il y resta jusqu'au soir, affaissé sur un divan, stupide, la tête entre ses poings.

Puis il voulut rentrer chez lui, encore qu'on l'en empêchât. On le força d'avaler un bouillon, qu'il but comme on boirait du fiel.

Il rentra en chancelant appuyé sur sa canne dont le choc aux pavés, cette fois, n'amena pas Rosalie à la fenêtre : il y regarda machinalement, — hélas ! Il monta. Le lit était défait ; la chambre dans le désordre où il la laissa ; les tables encombrées de fioles ; il y restait la vague et funèbre odeur de l'encens.

Pris d'une absurde idée, cette fois encore Jean appela plusieurs fois : « Laly ! Laly ! » S'attendait-il à la voir sortir de par là, joyeuse et empressée, tenant en main, aux approches du dîner, une cuiller dont souvent elle lui barbouilla le visage?...

Il mit gravement deux couverts et approcha les chaises. Il y avait sur la table quelques plats froids restés de l'avant-veille. Il essaya de prendre quelques bouchées; mais sa bouche les refusa, ses dents claquaient; il eut des frissons, il avait la fièvre.

Il se coucha dans ce lit où restait encore aux coussins l'empreinte de sa Rosalie, et rencontra sous ses doigts le petit bonnet qu'il lui avait changé; il le prenait dans sa main et cherchait à mettre dans ce cadre vide ce rond visage tant chéri. Il le couvrait de baisers frénétiques.

Sa fatigue et ses vieilles insomnies finirent par le jeter dans le sommeil.

Le matin, quand il se vit seul au lit et dans la chambre, son cœur se serra d'une horrible façon. C'était l'enfer que ce désert de son appartement, c'était l'enfer que ce Widdin! — Il avait quelque argent qu'il avait mis de côté pour acheter une belle pelisse à Rosalie; il courut faire ses adieux au pacha, qui essaya vainement de le retenir. Il rentra faire sa malle; cette fois la diligente Rosalie ne lui aida pas; « et, pensa-t-il, — elle ne viendra plus me rejoindre. » Il entassa tout comme il put, en séparant les effets qui avaient appartenu à Laly. « Voici ses petits bonnets, ses bas. Voici la robe que je lui achetai à Bruxelles. Voici des chiffons de la première robe sous laquelle je la connus.... Pauvres effets! Ceci c'est la dernière que je

lui donnai ; elle n'a pu l'user, ne l'a mise qu'une fois.
Ah ! voici le bout de pipe qu'elle serrait dans ses petites mains quand elle venait de me quitter, après Bruxelles, et qu'elle était seule et pleurant, à la nuit, au milieu de la route. — Chère enfant ! — Hé ! nous nous aimions. — Oh ! ne la reverrai-je donc plus?... Voici ses pantoufles, ses bottines... »

Jean de tous ces effets fit un paquet, sauf le petit bonnet de basin qu'elle avait en mourant et qu'il serra précieusement sur son cœur.

Il fit faire un grand feu dans la cour, sans dire pourquoi ; alluma sa pipe et, silencieux, jeta, l'un après l'autre, dans la flamme, tout l'habillement de la pauvre enfant. Voyant cela, le pelletier bulgare, son hôte, se précipita stupidement vers le feu pour en arracher une robe qu'il pria Jean de lui donner. Jean lui adressa une poussée à jeter un bœuf sur le flanc. « Ah ! misérable idiot ! on la verrait sur le dos de ta fille ! »

Quand tout fut brûlé, il remonta, arracha du mur les images qui l'égayaient, fit charger sa malle, prit sa canne et se rendit au bateau.

Rosalie repose, pour toujours, sous une pierre anonyme, entre Tinka Savowich, épouse de Popa-Yani, et le vieux Hadji-Thomaki, négociant estimé de son vivant.

Mais personne ne vient mettre de fleurs sur sa tombe. Vous n'y verriez que la pâle marguerite, qui s'avise humblement d'y pousser, ou que les pétales fugitifs des églantiers décolorés lorsque la brise les effeuille.

Et Jean ?

« Jean s'en alla comme il était venu. »

Bucharest, octobre 1856.

ANGE PECHMÉJA.

FIN.

DU MÊME AUTEUR

pour paraître incessamment

Le Cabinet aux Fantômes, conte philosophique dans lequel est sommairement résolu le problème de l'origine des mots.

De la Souveraineté. — DIALOGUES.

Études sur la Valachie.

Haillons de Jeunesse.

Orgie, drame en prose, en trois actes et neuf tableaux.

Jeanne, drame en trois actes et en vers.

Antonio Perez, drame historique en vers, en cinq actes et neuf tableaux.

Le fond de l'Abîme, drame en cinq actes et en prose.

Néron, drame en vers. — Cinq actes et six tableaux.

Villa-Médiana, fantaisie dramatique en vers, cinq actes et sept tableaux.

Les funestes entreprises du prince Flambeseul et de son chambellan Coquesigrue, farce en plusieurs scenes et en vers.

Ces ouvrages sont entièrement terminés.

OUVRAGES INACHEVÉS :

CROQUIS FANTASQUES & POÉSIES NOUVELLES.

L'auteur a, de plus, en main et produit sans hâte un grand ouvrage où il expose une philosophie appuyée sur de nouvelles bases. Ce livre est aux productions ci-dessus et autres ce qu'est le tronc aux branches, rameaux, feuilles et fleurettes, voire aux oiseaux et papillons qui s'y posent d'entre temps.

TYPOGRAPHIE DE HENRI PLON, IMPRIMEUR DE L'EMPEREUR,
Rue Garancière, 8, à Paris.

www.ingramcontent.com/pod-product-compliance
Lightning Source LLC
Chambersburg PA
CBHW050329170426
43200CB00009BA/1522